U0129326

養生安樂者莫大乎禮義

——荀子之養生論述

胡　倩　茹　著

文 史 哲 學 集 成

文史哲出版社印行

國家圖書館出版品預行編目資料

養生安樂者莫大乎禮義：荀子之養生論述
／ 胡倩茹著. -- 初版. -- 臺北市：文史哲
出版社, 民 111.07
　　頁；　　公分. --（文史哲學集成；744）
ISBN 978-986-314-613-1（平裝）

1.CST：(周)荀況　2.CST：學術思想
3.CST：養生

121.27　　　　　　　　　　　　111012211

文史哲學集成　744

養生安樂者莫大乎禮義
荀子之養生論述

著　　　者：胡　　　倩　　　茹
出　版　者：文　史　哲　出　版　社
　　　　　　http://www.lapen.com.tw
　　　　　　e-mail：lapen@ms74.hinet.net
登記證字號：行政院新聞局版臺業字五三三七號
發　行　人：彭　　　正　　　雄
發　行　所：文　史　哲　出　版　社
印　刷　者：文　史　哲　出　版　社
　　　　　　臺北市羅斯福路一段七十二巷四號
　　　　　　郵政劃撥帳號：一六一八〇一七五
　　　　　　電話886-2-23511028・傳真886-2-23965656

定價新臺幣二八〇元

二〇二二年（民 111 年）七 月 初 版
二〇二三年（民 112 年）十二月修訂再版

ISBN 978-986-314-613-1　　01744

自 序

愛生惡死是一般人的通性，故始皇的海外求仙，術士的煉丹養氣，大眾的養生保健，無非是希冀長生避死。可壽命無論長短，終無法跳脫出生老病死的循環。同樣的，欲富貴惡貧賤亦是人的通性，但無論如何營取，生命結束之時，皆變成身外之物。面對這樣不如人意的情形，世人遂概括出「死生有命，富貴在天」之則。

不過，無論貴賤，皆是一命，皆有生死，此乃大自然的公平公正；但自己如何經營生命的過程，卻是各人可以選擇取捨的著力處。所以「死生有命，富貴在天」聽起來有點命定論，卻能因不同心態去看待而有不一樣的解讀。或有人認為既是命定，如何強求？故不需強求，乃至不為不求；或有人主張既是命定，無須患得患失，只能接受以對；但亦有人則不求其不可求；而求其可求。既是命定，有何可求？那就是人的生命富貴雖不能強求，卻能求對於生命的經營盡己之力而無愧於心。

之所以會寫有關荀子之養生思想，也是我對生死無常的個人選擇。因為親人的久病早逝與生活的波折起伏，曾令我沮喪低迷，然而即便往者已矣，但不應也不忍任其只存在於

寥寥數人一時生離死別的激情中，爾後隨時間流逝而淡出甚而淹沒在歷史裡；應該還有甚麼可以延續的吧？面對來者可追，亦不應任時光流遠，無奈坐困在幽谷中嗚咽，應該還有甚麼可以奮起的吧？《荀子・天論篇》的「制天命而用之」的命題，正是一道予人能量的智慧之光：

> 大天而思之，孰與物畜而制之！從天而頌之，孰與制天命而用之！望時而待之，孰與應時而使之！因物而多之，孰與騁能而化之！思物而物之，孰與理物而勿失之也！願於物之所以生，孰與有物之所以成！故錯人而思天，則失萬物之情。

「制天命而用之」，不是天人的抗衡，是人以應天而為來掌控自我的生命與生活，所以《荀子・天論篇》又言：

> 天行有常，不為堯存，不為桀亡。應之以治則吉，應之以亂則凶。彊本而節用，則天不能貧；養備而動時，則天不能病；循道而不貳，則天不能禍。故水旱不能使之饑，寒暑不能使之疾，祅怪不能使之凶。本荒而用侈，則天不能使之富；養略而動罕，則天不能使之全；倍道而妄行，則天不能使之吉。

　　簡言之，富貴貧賤、生死禍福不在於天命；而在於應天之人。

　　《禮記・儒行》「愛其死以有待也，養其身以有為也」標舉了儒家道德養生的主軸，養生不單是為了長生避死，「以

有為」方是養生之目的。荀子主張人性易惡，依據《荀子‧大略篇》所言：「人無禮不生，事無禮不成，國家無禮不寧」，也就是人必須靠後天之禮義化性起偽，人才得以生，事才得以成，國家才得以寧。從個人的生命到全體國家的生活，皆須以禮義為依歸。從上位者的角度來說，「養其身以有為也」不單是養身養形的養生，而是形神兼養的修身以使國家天下平。

在荀子的學說中，已經將二者有所區分，故在《荀子‧修身篇》言：

> 扁善之度：以治氣養生，則後彭祖；以修身自強，則配堯、禹。

即使《荀子‧性惡篇》明言「塗之人可以為禹」，然堯禹之聖終究是儒家道德人格的最高境界，凡俗如我，只想藉由禮義的形神兼養、養性修身，給予自己有限生命裡，求得平和安寧的力量，替往者好好的活著，為自己好好的經營，這是很個人微小的私心，說來慚愧！本文增刪自多年前舊作，參考資料較為久遠，有些出版業所出之資料未有出版日期，甚至連出版業者現已無存，猶如往者，但經本文之付梓得以留存一隅，亦是歷史之跡，故不另修改。昔日生死之別的痛楚，在多年人生風霜中，隱然幽藏於心的一隅，而往者駐紮在我喜怒哀樂的奔流歲月裡，已是歷史之跡，不曾抹滅。芸芸眾生，仍來來去去；生命生活，仍高高低低，哲人荀子為世人所留下的養生智慧，歷久彌新，依然閃耀著人性的光

輝。本文以「養生安樂者，莫大乎禮義——荀子之養生論述」為題，願此文除了能一圓個人私心小願外，也希冀能給予他人瞭解到《荀子・彊國篇》所說的「養生安樂者，莫大乎禮義」的真諦，藉此也能使其生命與生活有積極向上之功。

　　這段期間忙於論文增刪整理疏於家務人情，感謝親友諒解支持。匆促之間，論文多有未完善之處，感謝文史哲出版社的耐心審閱編排，讓論文得以面世。

胡倩茹謹誌 2022.6.28.

養生安樂者莫大乎禮義
——荀子之養生論述

目　次

前　言

　　中國養生學涵攝了醫學、哲學與宗教三大領域，但養生因為牽涉到生死問題，世人往往因愛生惡死的傾向而偏於感性的層面，此時就需要哲學發揮其理性思維的功能以喚回人的理性。尤其先秦諸子的思想乃中國養生學的淵源之一，故本論文乃針對哲學的部分來探討養生。

　　養生學說初步完成於中國醫學的巨著《黃帝內經》，現今養生的原則，例如中調和陰陽、注重方法、規律生活、動靜有節、形神兼注、少思寡欲、四時順養等等，早在《素問·上古天真論第一》已提及：

> 上古之人，其知道者，法於陰陽，和於數術，食飲有節，起居有常，不妄作勞，故能形與神俱，而盡終其天年，度百歲乃去。……夫上古聖人之交下也，皆謂之，虛邪賊風，避之有時，恬淡虛無，真氣從之，精神內守，病安從來。是以志閒而少欲，心安而不懼，形勞而不倦。氣從以順，各從其欲，皆得所願，故美其食，任其服，樂其俗，高下不相慕，其民故曰朴。是以嗜欲不能勞其目，淫邪不能惑其心，愚智賢不肖

> **不懼於物，故合於道。所以能年皆度百歲而動作不衰**
> **者，以其德全不危也。**[1]

總而言之，形神兼養、身心調適、重視人事與自然是中國養生學說的最大特點。然而，一個學說的形成不可能一夕突起，必定是經過了一番智慧的啟發與時間的醞釀，所以在《黃帝內經》之前的養生資料，也就成了養生學說的濫觴。《黃帝內經》成書時代眾說紛紜，但大抵不脫秦漢之際。因此探討先秦有關養生的論述，事實上也就是追尋養生學說的淵源。在養生成了潮流所至，眾人趨之若鶩的的今日，許多人不得其門而入，不明養生的真諦；只知盲目隨從於皮毛之方，耗費錢財氣力不說，甚至誤信偏言反至損害了生命，真如老子所說：「出生入死。生之徒十有三；死之徒十有三；人之生動之死地，亦十有三。夫何故，以其生生之厚」（《老子・五十章》）[2]，因而正本清源，釐清養生真正的內容與精神是很重要的。

雖然先秦並無養生的專人專注，但涉及養生的論述卻羅織在諸子的思想中，可見當時對「養生」這一議題的重視。先秦諸子學中的儒道為九流十家的領導者，前者以人事，後

---

1 〔唐〕王冰注，〔宋〕林億等校正，〔宋〕孫兆改誤，《重廣補注黃帝內經素問》，《四部叢刊・子部》，（臺北：台灣商務印書館），以後所引《黃帝內經》之原文，出於此版本者，不再另行標示，惟書中相關注疏之文則簡要標示作者、書名篇章及頁碼。

2 〔晉〕王弼注，《老子注》，《諸子集成》，（北京：中華書局，1996），以下所引《老子》原文，出於此版本者，不再另行標示，惟書中相關注疏之文則簡要標示作者、書名篇章及頁碼。

者以自然來談論人的生命，奠定了中國養生學說的內涵精神
與理論基礎。故若要探討中國養生學說的淵源，自當以儒家
與道家為主。不過，因為道家既為中國養生學說的理論基
礎，關係要比儒家與中國養生學來的更為接近，所以反倒是
作為中國養生內涵精神的儒家養生論，較少為人探討。事實
上，若只專精於理論方法卻不了解內涵精神，對於任何一個
學說而言，都是容易只知其外不明其內，所以本文乃鎖定先
秦儒家養生論為研究的範圍。而最能代表先秦儒家者自然是
孔子、孟子與荀子。孔子乃儒家的先驅，孟荀雖非孔子親授，
卻是孔子的繼承者也是儒學的發揚者，在養生論方面，也承
繼了孔子道德養生的基調，但荀子是先秦儒家最早提出生命
形成歷程，而《荀子》一書則是先秦儒家典籍中「養生」一
詞出現最多次，且因其心性論之主張有異於孔孟，不但影響
中國儒家思想內聖外王路線的差異，同時對於道德養生的心
性修養之道更有不同的方向，而其「制天命而用之」（《荀子·
天論篇》）[3]的呼籲，更強調了了人對生命的主動權，故乃聚
焦荀子的養生論為本文研究對象。

　　本文以中華書局出版的《諸子集成》中王先謙《荀子集
解》為本，討論其養生論，至於其他書籍中有關的記載只供
做參考。若有論及《論語》、《孟子》、《大學》、《中庸》部分
者，則以鵝湖出版社的朱熹《四書章句集註》為本，而其有

---

3 〔清〕王先謙著，《荀子集解》，《諸子集成》，（北京：中華書局，1996），
　以下所引《荀子》原文，出於此版本者，不再另行標示，惟書中相關
　注疏之文則簡要標示作者、書名篇章及頁碼。

關注疏及其他先秦儒家經典則以上海古籍出版社的《十三經注疏》為本，其他秦漢前的諸子之作也以《諸子集成》為本。

　　《荀子》的篇章內容變動之處較多，王先謙在《荀子集解》〈考證上〉列舉多家的說法，例如：

> 《四庫全書總目子部儒家類》荀子二十卷。……漢志儒家，載荀卿三十三篇，王應麟考證，謂當作三十二篇。劉向校書序錄，稱孫卿書凡三百二十三篇，以相校除重複二百九十篇，定著三十三篇，為十二卷，題曰新書。唐楊倞分易舊第，編為二十卷，復為之注，更名荀子，即今本也。[4]

由上述引文所知，《荀子》之書至少經過劉向與楊倞較大幅度的更動。楊倞是最早為《荀子》作著者，對於文中內容已認為有些並非荀子本人之作，如於〈大略篇〉篇目下注曰：「此篇蓋弟子雜錄荀卿之語，皆略舉其要，不可以一事名篇，故總謂之大略也。」[5]，又如〈宥坐篇〉下注曰：「此以下皆荀卿及弟子所引記傳雜事」[6]、〈堯曰篇〉中注曰：「自『為說者以下，荀卿弟子之辭也』」[7]。但除了〈宥坐篇〉、〈子道篇〉、〈法行篇〉中較為蕪雜的部分內容外，我們採取從寬的標準，只要不悖離荀子學說者，都列入資料之中。

4　〔清〕王先謙著，《荀子集解》，〈考證上〉，頁5。
5　〔清〕王先謙著，《荀子集解》，頁321。
6　〔清〕王先謙著，《荀子集解》，頁341。
7　〔清〕王先謙著，《荀子集解》，頁364。

　　本文既以荀子養生論為題，首章緒論以「養生」一詞的定義及範圍論述荀子其養生的內涵。再者，從荀子孝道理念與時代背景說明荀子重視養生的動機與目；第二章探討荀子以禮義為核心的道德養生理論，包括了禮義為人之所以為人的特質，以及養生安樂莫大於禮義，更是人提升生命境界的動力。第三章從心性修養與形體生命之養來探討荀子的養生之道。第四章為荀子養生論的特色與重點，從與養生有關的命題，即天人觀、身心觀、生死觀、動靜觀和修養論來說明。第五章為結論，以荀子呈現的生命價值與成就來加以應照，並明荀子養生論對中國養生學的影響。

第一章 緒 論

　　戰國時期能弘揚孔子思想的，除了一心以繼承孔子為己任的孟子之外，便是亦以孔子為宗的荀子了。司馬遷在《史記·儒林列傳》說：

> 自孔子卒後，七十子之徒散游諸侯，大者為師傅卿相，小者友教士大夫，或隱而不見。故子路居衛，子張居陳，澹臺子羽居楚，子夏居西河，子貢終於齊。如田子方、段干木、吳起、禽滑釐之屬，皆受業於子夏之倫，為王者師。是時獨魏文侯好學。後陵遲以至于始皇，天下並爭於戰國，儒術既絀焉，然齊魯之間，學者獨不廢也。於威、宣之際，孟子、荀卿之列，咸遵夫子之業而潤色之，以學顯於當世。[1]

孔子卒後，其七十多個子弟散落各處，命運各不相同，或為人臣，或為人師，或是隱而不見，中間似乎只有子夏這一支脈的傳承及功業較為人知。到了戰國之時，以仁義道德為主

---

1 〔日〕瀧川龜太郎著，《史記會注考證》，（臺北：洪氏出版社，1986），以下所引《史記》原文，出於此版本者，不再另行標示，惟書中相關注疏之文則簡要標示作者、書名篇章及頁碼。

的儒術，在當時天下並爭的情勢之下不見用於世，只有孟子與荀子，遵循孔子的志業又加以個人的發明，使得儒學雖不見用於世，但他們卻都以儒學顯於世。孟、荀雖同尊夫子之業，但二人所尊者有同有不同，「仁」自然還是一切道德的總綱，孔子講「仁」，及於義禮智與其他一些道德項目；孟子主張仁義為人的本質，人應居仁由義，故而以「仁義」為其中心；荀子認為禮義是人之道[2]，人無禮義則亂，因此以「禮義」為主要。

之所以會有此不同，二者對人性看法的差異佔有很大的因素。孟子主性善，認為人之所以為人，在於人有仁義禮智四善端根於本心，要養護生命不使其受到損耗，要使生命有所成就，都不需外求，只要存心盡性即可；荀子主性惡，性無禮義亦不知禮義，若「從人之性，順人之情，必出於爭奪，合於犯分亂理，而歸於暴」（《荀子・性惡篇》），故要使人的生命免受其惡，就要以禮義化性起偽，養心治氣，使身心平正，而其生活環境能夠足以養生送死。但禮義乃聖人所生，屬於後天外在的培養。因之可以說孟子是內在養生，荀子是外在養生。不過不管仁義或禮義，不論道德是先天內在即有，或是後天外在培養，當道德成為人的特質時，已將人的生命賦予道德化，所以養生的重點就落在道德的修養之上，這是儒家養生論的特點，可以說是道德養生論。

---

2 《荀子・儒效篇》：「先王之道，仁之隆也，比中而行之。曷謂中？曰：禮義是也。道者，非天之道，非地之道，人之所以道也，君子之所道也」。

　　一種學說的產生，必然有其背景。身處戰國末期的荀子，雖同屬先秦儒家道德養生的系統，但他為何特別標舉禮義，這與其當時的時代背景、他對人的定以及注重生命的動機皆有關聯，在探討荀子養生論之究竟前，需先釐清他對養生的定義、當時的時代背景還有注重生命養護的動機，以下試論之。

第一節　荀子所謂之「養生」

　　「養生」一詞在教育部國語辭典中解釋為「保養身體」[3]，下舉兩則例子，分別為《莊子・讓王》：「帝王之功，聖人之餘事也。非所以完身養生也。」及《荀子・儒效》：「以養生為已至道，是民德也」。若由此來看，養生指的是形體上的保養，可以說是「養身」。不過，就醫家古籍來看，「養生」不單單是「養身」，如最早專門論養生者為秦漢時期的《黃帝內經》：

　　故智者之養生也，必順四時而適寒暑，和喜怒而安居處，節陰陽而調剛柔。如是，則僻邪不至，長生久視。（〈靈樞・本神第八〉）

　　凡此十二官者，不得相失也。故主明則下安，以此養

3　見網址 https://dict.revised.moe.edu.tw/dictView.jsp?ID=157779&q=1&word=%E9%A4%8A%E7%94%9F

> 生則壽，沒世不殆，以為天下則大昌。主不明則十二
> 官危，使道閉塞而不通，形乃大傷，以此養生則殃，
> 以為天下者，其宗大危，戒之戒之。(《素問・靈蘭秘
> 典論篇第八》)

此處所提的「養生」著重在順時和節，從「如是，則僻邪不
至，長生久視」及「以此養生則壽，沒世不殆，以為天下則
大昌」此段而言，可知此處的養生已有以長壽為重的傾向，
但同時也提到養生之道也「可為天下」，治生命壽長之道與為
天下之道是實有共通之處。

在古代先秦諸子中，「養生」同樣非單指身體的保養，
先秦諸子最早出現「養生」一詞為《莊子・養生主》，文章開
頭即說明了養生的功效：

> 吾生也有涯，而知也無涯。以有涯隨無涯，殆已；已
> 而為知者，殆而已矣。為善無近名，為惡無近刑。緣
> 督以為經，可以保身，可以全生，可以養親，可以盡
> 年。(《莊子・養生主》)

首句「吾生也有涯」，郭象之注為：「所稟之分各有極也」，成
玄英疏曰：「涯，分也。夫生也受形之載，稟之自然，愚智脩
短各有涯分。而知止守分不蕩於外者，養生之妙也。」[4]二者
皆提到生命是有所限的，不論是壽命長短或聰明才智，但養

4　〔唐〕成玄英疏，〔清〕郭慶藩著，《莊子集釋》，《諸子集成》，(北京：
　　中華書局，1996)，頁 54。以下所引《莊子》原文，出於此版本者，不
　　再另行標示，惟書中相關注疏之文則簡要標示作者、書名篇章及頁碼。

生之人若能「緣督以為經」，便可以達到「保身」、「全生」、「養親」、「盡年」，據成玄英其後「捨二偏而處於中一者，故能保守身形全其生道，外可以孝養父母大順人倫，內可以攝衛生靈，盡其天命」[5]之疏而言，可以知道至少莊子認為養生的功效是盡其天命，並不包括長生不老，且亦不僅止於保養身形，而是兼及於孝親人倫。

　　至於先秦儒家經典中，除去成於秦漢之際的《禮記》外，《孟子》提到養生只有提及這個名詞兩次，即：

> 不違農時，穀不可勝食也；數罟不入洿池，魚鱉不可勝食也；斧斤以時入山林，材木不可勝用也。穀與魚鱉不可勝食，材木不可勝用，是使民養生喪死無憾也。養生喪死無憾，王道之始也。（《孟子・梁惠王上》）

> 孟子曰：「養生者，不足以當大事，惟送死可以當大事。」（《孟子・離婁下》）[6]

這兩則「養生」與「喪死」、「送死」相題或併論，言王道之始在於「養生喪死無憾」，但又強調「送死」比「養生」更需恭慎以待。而同為先秦儒家代表的《荀子》一書提及「養生」之文共有七次，條列如下：

5　〔唐〕成玄英疏，〔清〕郭慶藩著：《莊子集釋》，頁 55。
6　〔宋〕朱熹注，〈孟子集注〉，《四書章句集註》，（臺北：鵝湖出版社，1984），以下所引《孟子》原文，出於此版本者，不再另行標示，惟書中相關注疏之文則簡要標示作者、書名篇章及頁碼。

扁善之度：以治氣養生，則後彭祖；以修身自強，則
配堯、禹。(《荀子・修身》)

以從俗為善，以貨財為寶，以養生為己至道，是民德
也。(《荀子・儒效》)

微子開封於宋，曹觸龍斷於軍，殷之服民所以養生之
者也，無異周人。(《荀子・議兵》)

故人莫貴乎生，莫樂乎安；所以養生安樂者，莫大乎
禮義。(《荀子・彊國》)

孰知夫出死要節之所以養生也！(《荀子・禮論》)

亂世之徵：其服組，其容婦，其俗淫，其志利，其行
雜，其聲樂險，其文章匿而采，其養生無度，其送死
瘠墨，賤禮義而貴勇力，貧則為盜，富則為賊。治世
反是也。(《荀子・樂論》)

故嚮萬物之美而不能嗛也。假而得間而嗛之，則不能
離也。故嚮萬物之美而盛憂，兼萬物之利而盛害。如
此者，其求物也，養生也？粥壽也？(《荀子・正名》)

由上可知，其「養生」範圍要比《孟子》大，除了生活的供
養之外，也指生命的保養，如「以從俗為善，以貨財為寶，
以養生為己至道，是民德也。」代表養生是一般庶人所重之
道，跟孟子的「養生喪死無憾，王道之始也」雖然不相衝突，

但切入的角度不同。

一、形神兼養

　　荀子對生命形體也是非常的重視，首先是表現在對生命形體存有的珍惜，他說「人莫貴乎生」（《荀子・彊國篇》）、「人之所欲生甚矣，人之所惡死甚矣」（《荀子・正名篇》），顯示他對於一般人愛生惡死的認同，認為人若不能好好的持養自身，便會招至禍害，甚至危害到生命形體，所謂「怠慢忘身，禍災乃作」（《荀子・勸學篇》），又於《荀子・榮辱篇》說：

> 鬥者，忘其身者也，忘其親者也，忘其君者也。行其少頃之怒，而喪終身之軀，然且為之，是忘其身也；室家立殘，親戚不免乎刑戮，然且為之，是忘其親也；君上之所惡也，刑法之所大禁也，然且為之，是忘其君也。憂忘其身，內忘其親，上忘其君，是刑法之所不舍也，聖王之所不畜也。乳彘觸虎，乳狗不遠遊，不忘其親也。人也，憂忘其身，內忘其親，上忘其君，則是人也而曾狗彘之不若也。

鬥毆是忘身、忘親、忘君的行為，因逞一時之怒鬥毆而不顧失去身軀，失去生命的危險，此為忘身；又因此造成家室的殘缺，並使親人遭受刑戮[7]，此為忘親；鬥毆為君上所惡更為

7　〈榮辱篇〉云：「蓋當時禁鬥殺人之法，戮及親戚。尸子曰：「非人君用兵也，以為民傷，鬥則以親戚徇，一言而不顧之也。」，〔清〕王先

刑法所禁，若且為之，此為忘君。人若忘身、忘親、忘君可
以說連豬狗都不如，亦即禽獸不如，可知荀子對鬥毆的行為
是非常反對。其中忘身與忘親與都生命形體遭受危害有關係，
三者佔其二，可見荀子反對鬥毆的一大部分原因就在於造成
自身及他人生命形體的損害。

　　荀子也是先秦儒家首先提到養生是一般人所甚為重視者。
他說：

> 以從俗為善，以貨財為寶，以養生為己至道，是民德
> 也（《荀子・儒效篇》）

若依楊倞所注：「民德，言不知禮義」[8]，則荀子對於民以養
生為己至道似乎不以為然，其實他並不反對排斥人的養生，
根據《荀子・彊國篇》「故人莫貴乎生，莫樂乎安；所以養生
安樂者，莫大乎禮義。人知貴生樂安而棄禮義，辟之是猶欲
壽而刎頸也，愚莫大焉。」之言，我們可以知道人的重養生
是因為生命的可貴，即上文提到的「人莫貴乎生」（同上）；
人的重養生亦在於愛生惡死，即上文提到的「人之所欲生甚
矣，人之所惡死甚矣」（《荀子・正名篇》）。此處的養生指的
是避死的養生，《荀子・榮辱篇》云：

> 孝弟原愨，軥錄疾力，以敦比其事業，而不敢怠傲，
> 是庶人之所以取煖衣飽食，長生久視，以免於刑戮也。

謙，《荀子集解》，頁 34。
8 〔清〕王先謙著，《荀子集解》，〈儒效篇〉，頁 82。

更可證明庶人之養生是為了「長生久視」，朱謙之在《老子校釋》中認為「長生久視」在當時是通行語，又引高誘之注「視，活也」[9]，故知「長生久視」即長生久活，則庶人以養生為己至道的養生，是以長生久活為目的。荀子認為人皆欲養生，人也當養生，不過是要以禮義養生，惟有禮義才能真正使人養生安樂。但一般庶人以長生久活為目的的養生，多著重在形體的養護上，這並非主要的養生之道。

然而重形體養生也是所有人應有的態度，莊子認為養形是「雖不足為而不可不為者，其為不免矣」（《莊子·達生》），即養形並不值得去做，但卻又是不得不做的份內事[10]。但就荀子「形具而神生」（《荀子·天論篇》）的主張，形體之養的確很重要，沒有形，則神無以為居，所以健康的體魄是健康生命的前提，對身體的關注也即是重視生命的一個重點及表現。《荀子》一書中多次提到的「養耳」[11]、「養目」[12]、「養口」[13]、「養鼻」[14]，指的雖是人感官的給足，但耳目口

9　朱謙之著，《老子校釋·第五十九章》（北京：中華書局，1963 年），頁156。

10　〔清〕王先謙著，《荀子集解》：「成云：『分外之事不足為，分內之事不可不為』，頁 114。

11　如〈正論篇〉：「和鸞之聲，步中武、象，騶中韶、護以養耳」，〈禮論篇〉：「鍾鼓管磬，琴瑟竽笙，所以養耳也」、「和鸞之聲，步中武、象，趨中韶、護，所以養耳也」，〈正名篇〉「心平愉⋯⋯聲不及傭而可以養耳」

12　如〈正論篇〉：「前有錯衡以養目」，〈禮論篇〉：「雕琢刻鏤，黼黻文章，所以養目也」、「前有錯衡，所以養目也」，〈正名篇〉「心平愉，則色不及傭而可以養目」。

13　如〈禮論篇〉：「芻豢稻粱，五味調香，所以養口也」，〈正名篇〉：「心平愉⋯⋯，蔬食菜羹而可以養口」。

鼻屬於形體的一部份，感官也是屬於形體機能的一部份；至於所提到的「養形」、「養體」[15]則是指對形體身軀的護養。

養形雖重要但並不是養生的全部，事實上荀子對養生的內容範圍也不僅限於養形，《荀子・正名篇》談到：

> 故嚮萬物之美而盛憂，兼萬物之利而盛害。如此者，其求物也，養生也？粥壽也？故欲養其欲而縱其情，欲養其性而危其形，欲養其樂而攻其心，欲養其名而亂其行。如此者，雖封侯稱君，其與夫盜無以異；乘軒戴絻，其與無足無以異。夫是之謂以己為物役矣。

此處荀子旨在說明養生要不使己為物所役，他舉出「欲養其欲而縱其情，欲養其性而危其形，欲養其樂而攻其心，欲養其名而亂其行」都是求物太過造成的情形，這些非但不是養生，反而是有害於生；反過來說，養欲不縱情、養性不危形、養樂不攻心、養名不亂行，才是真正的養生。這也可以說明荀子對養生的內容至少有以上幾個方面。《荀子・天論篇》中則大致分為養形與養神兩大範圍：

> 彊本而節用，則天不能貧；養備而動時，則天不能病；循道而不貳，則天不能禍。故水旱不能使之饑，寒暑

14　如〈正論〉：「側載睪芷以養鼻」，〈禮論篇〉：「椒蘭芬苾，所以養鼻也」、「側載睪芷，所以養鼻也」。

15　如〈正名篇〉：「心平愉……局室、蘆簾、稾蓐、尚机筵而可以養形」，又如〈禮論篇〉：「越席床笫几筵，所以養體也」、「故天子大路越席，所以養體也」〈正名篇〉：「心平愉……麤布之衣、麤紃之履而可以養體」，可知「養形」與「養體」皆主要指的是對身軀居處與衣飾而言。

不能使之疾，祅怪不能使之凶。本荒而用侈，則天不
能使之富；養略而動罕，則天不能使之全；倍道而妄
行，則天不能使之吉。故水旱未至而饑，寒暑未薄而
疾，祅怪未至而凶。受時與治世同，而殃禍與治世異，
不可以怨天，其道然也。

《尚書・周書・洪範》中提到，人有五福六極，其中六極是
「人之所惡」，即「一曰凶短折，二曰疾，三曰憂，四曰貧，
五曰惡，六曰弱」[16]。而荀子對貧、病、禍的避免之方，可
以說是對人之所惡的一種積極對抗，也可以說是對生命的重
視。因為貧苦疾病禍害都是有傷於生命，貧則可能生命無以
為繼；病則可能使生命短折或形體受損，血氣薄弱；禍則人
的生命無有康寧。但人只要做到「彊本而節用」、「養備而動
時」、「修道而不貳」，就可以避免這些傷生的狀況出現。
不過要注意的是在此他已經有了初步的養形與養神之分。我
們可以做一簡表示之：

$$\left\{\begin{array}{l}\text{強本而節用 ── 生活供給 ── 天不能貧 ── 養形}\\ \text{養備而動時 ── 生理調養 ── 天不能病 ── 養形}\\ \text{脩道而不貳 ── 精神修養 ── 天不能禍 ── 養神}\end{array}\right.$$

16 〔漢〕孔安國撰，〔唐〕孔穎達等正義，〔清〕・阮元校勘，《尚書正義》，
《十三經注疏》（上海：上海古籍出版社，1997），以後所引《尚書》
之原文，若出於此者，不再另行標示，惟書中相關注疏之文則簡要標
示作者、書名篇章及頁碼。

在養形上首先要做到強本節用使生活的供養無虞，這是生命生存的基本條件；再則要「養備」而「動時」，即養生之道要周備，行動要合時宜，注意到了對形體護養的方法運用與時節調養。在養神上則是要「修道」而「不貳」，即修為道德，專心一致，強調了心性的修養。孔子「養其身以有為也」（《禮記·儒行》）[17]之言，奠定了儒家養生的目；孟子「養生喪死無憾，王道之始也」（《孟子·梁惠王上》）論，將養生與社會生活與政治做了明確的連結；荀子上述的養生之方，則已將養生劃為養形與養神兩大方向，且二者兼養。

二、養神重於養形

雖然荀子說過精神需依賴形體方得以存，但其屬於儒家系統的思維，還是將道德的修養置於形體的護養之上。生命本有終始，形體會隨著壽命的結束而腐壞，但道德之名卻能長存。所謂「人無百歲之壽，而有千歲之信士，何也？曰：以夫千歲之法自持者，是乃千歲之信士矣。」（《荀子·王霸篇》）楊倞注云：「以禮義自持者，則是千歲之士」[18]，雖言屬於道德內容的禮義乃為千歲之法，亦可以為證道德之久長。道德的修養也就是以道德修身：

17　〔漢〕鄭玄注，〔唐〕孔穎達等正義，〔清〕·阮元校勘，《禮記正義》，《十三經注疏》，（上海：上海古籍出版社，1997），以後所引《禮記》之原文，出於此者，不再另行標示，惟書中相關注疏之文則簡要標示作者、書名篇章及頁碼。

18　〔清〕王先謙著，《荀子集解》，〈王霸篇〉，頁135。

扁善之度：以治氣養生，則後彭祖；以修身自強，則
配堯、禹。（《荀子·修身篇》）

《韓詩外傳·卷一》有「君子有辯善之度，以治氣養性，則
身後彭祖；修身自強，則名配堯舜；宜於時則達，厄於窮則
處」[19]之文，王先謙認為此文於義為長[20]。對照來看，荀子首
先把善養形以長壽為名的彭祖[21]歸為「治氣養性」（即治氣養
生）之列，將以道德為名的堯舜歸為「修身自強」，可知荀子
認為「治氣養性」是為求長壽，而「修身自強」是重德性之
名。

「身後彭祖」表示壽命再長也無法超過彭祖，但「名配
堯舜」[22]卻說明以道德修養自強者，其德性之名能配堯舜；
可見荀子認為生命的長短有其無法突破的限度，但道德修養
的層次卻能達到如堯舜的聖境。即使是以長生為目的的養
生，也需要道德的修養來使之達成，此即為「所以養生安樂
者，莫大乎禮義」（《荀子·彊國篇》），因為就荀子的性惡論
來說，人無禮義便會悖亂，所以只有在道德的教化之下，人
才得以養生安樂。

---

19 《韓詩外傳·卷一》，〔西漢〕韓嬰著，《四部叢刊·經部》（臺北：台
　　灣商務印書館），頁 4。
20 〔清〕王先謙著，《荀子集解》，〈修身篇〉，頁 13。
21 《莊子·刻意》中記載：「吹呴呼吸，吐故納新，熊經鳥申，為壽而
　　已矣；此道引之士，養形之人，彭祖壽考者之所好也·」，故知彭祖
　　為善養形之高壽者。
22 《荀子·王霸篇》也有「名配堯、禹」、「名配舜、禹」之語，而《韓
　　詩外傳·卷一》也云：「名配堯舜」知「配堯、舜」應為「名配堯、
　　舜」之義。

又從他對生死的取捨也可看出荀子對於道德的注重是要高於形體壽命的：

> 人之所欲生甚矣，人之所惡死甚矣；然而人有從生成死者，非不欲生而欲死也，不可以生而可以死也。（《荀子・正名篇》）

> 畏患而不避義死（《荀子・不苟篇》）

> 今人或入其央瀆，竊其豬彘，則援劍戟而逐之，不避死傷，是豈以喪豬為辱也哉！（《荀子・正論篇》）

> 爭飲食，無廉恥，不知是非，不辟死傷，不畏眾彊，？？然唯飲食之見，是狗彘之勇也。……輕死而暴，是小人之勇也。義之所在，不傾於權，不顧其利，舉國而與之不為改視，重死持義而不橈，是士君子之勇也。（《荀子・榮辱篇》）

荀子說人本愛生惡死，若只為飲食之爭而「不避死傷」是連人都稱不上的狗彘之勇；至於「輕死而暴」，則屬小人之勇。甚且有殺害生命以送死的，更為不應該，他將之稱為賊，即「殺生而送死謂之賊」（《荀子・禮論篇》）。故知荀子主張人應要愛惜生命，不輕言犧牲，但遇到道德與生命不能兼得時，就只能選擇義死，這不是不愛生命，而是士君子之勇的表現。之所以「從生成死者」，不是人不欲生而欲死，而是有比生更具意義的死，就是義死，要死的有意義才死。所以荀子說：

　　執知夫出死要節之所以養生也（《荀子・禮論篇》）

真正的養生不是一味的避死求生，不是以生死作為取捨點，在生死之間有否使生命立於德性名節才是關鍵。

　　總之，從表現在對生命存有的珍惜，與對養生內容及意義的探討，可以知道荀子不但重視形體壽命，也因時代的進步而對養生有較為深入的看法。但是對於養生的價值仍然是建立在儒家修身有為的體系中。

　　由上可知，荀子對於生命的注重也是著眼在道德的修養上，之所以如此，其動機與目的一如孔、孟，都是為了盡孝、成志，以下分別加以說明。

第二節　荀子養生之動機與目的

一、養生送死以成人

　　孔子與孟子都將孝視為人的天性，但荀子主性惡論，認為一切德性皆是後天的學習教化而來的，孝德也一樣，這是荀子與孔孟「論孝」的最不同之處。他說：

　　今人之性，飢而欲飽，寒而欲煖，勞而欲休，此人之情性也。今人飢，見長而不敢先食者，將有所讓也；勞而不敢求息者，將有所代也。夫子之讓乎父、弟之讓乎兄，子之代乎父、弟之代乎兄，此二行者皆反於

> 性而悖於情也。然而孝子之道，禮義之文理也。(《荀子‧性惡篇》)

在荀子看來，「飢而欲飽，寒而欲煖，勞而欲休」這種生理需求才是人的情性。而「子之讓乎父、弟之讓乎兄，子之代乎父、弟之代乎兄，此二行者皆反於性而悖於情也」，即表示父慈子孝、兄友弟恭這種孝道的表現，都是違反人性的後天之舉，是禮義文明的行為。他一再說明此點，甚至藉堯舜之口指出人情的不美：

> 堯問於舜曰：「人情何如？」舜對曰：「人情甚不美，又何問焉！妻子具而孝衰於親，嗜欲得而信衰於友，爵祿盈而忠衰於君。人之情乎！人之情乎！甚不美，又何問焉！」(《荀子‧性惡篇》)

一般人有了妻子，對父母的孝就衰減；慾望得到滿足，對朋友的信就衰減，得到爵祿，對君主的忠就衰減。孝、信、忠，都不敵人情對所欲者的追求，這樣的人情怎稱得上美？然則曾參、閔子騫、孝己這些事親至孝，以孝聞名的孝子，又為何能如此篤實於孝道呢？荀子認為，那是因為他們能為禮義之故：

> 天非私曾、騫、孝己而外眾人也，然而曾、騫、孝己獨厚於孝之實，而全於孝之名者，何也？以綦於禮義故也。(同上)

人性皆一樣不美，天無私於任何人，所以並非上天獨厚於曾、
騫、孝己，使他們自然就備具孝道，而是「三人能矯其性，
極為禮義之故也」[23]，也就是說他們以禮義來矯正人原本不
美之性，而使之有孝德之美也。所以要行孝，就必須修禮義。

　　也許有人會說既然孝德非人的天性，何必硬要修禮義以
行之？荀子則說人若不能行孝，連禽獸也不如，前文亦有提
到「人也，憂忘其身，內忘其親，上忘其君，則是人也而曾
狗彘之不若也。」(《荀子‧榮辱篇》)，忘其親是人豬狗不如
的三個項目之一。因為孝德雖為後天培養，但動物之間物類
血緣之親卻是先天具有的：

> 凡生乎天地之間者，有血氣之屬必有知，有知之屬莫
> 不愛其類。今夫大鳥獸則失亡其群匹，越月踰時，則
> 必反鉛；過故鄉，則必徘徊焉，鳴號焉，蹢躅焉，踟
> 躕焉，然後能去之也。小者是燕爵，猶有啁噍之頃焉，
> 然後能去之。故有血氣之屬莫知於人，故人之於其親
> 也，至死無窮。(《荀子‧禮論篇》)

只要生於天地之間，有血氣的物類必有知，有知的物類必定
愛其同類，這就是一種天性，鳥獸不論大小都是如此；人是
有血氣中最有智慮的物種，所以其物類血緣之親是至死無窮
盡。要注意的是，荀子並沒有把這種物類血緣之親與孝劃上
等號，物類血緣之親可以說是孝的源頭，但卻不是孝；因為

23　〔清〕王先謙著，《荀子集解》，〈性惡篇〉，頁259。

人雖有物類血緣之親，亦為群居的動物，卻也會為了無禮義而爭亂不已，利欲的爭奪甚至凌駕於物類血緣之親，所以不一定就有孝行。如前文所說孝德是要以禮義加以培養，付諸行動（即孝行）才能顯現真正的孝，人若沒有孝德，代表人連物類血緣之親都不顧，連鳥獸都不如，所以人必須行孝以顯孝德，方不負人之所以為人者。既為人就要為孝，欲為孝則不能無禮義，所以人為了要盡孝，就必須自愛其身，更須修習禮義，涵養自己的生命，規範自己的行為，使屬於動物的物類血緣之親，能得以發展出人獨有的孝道。荀子說：

> 故人生不能無群，群而無分則爭，爭則亂，亂則離，離則弱，弱則不能勝物；故宮室不可得而居也，不可少頃舍禮義之謂也。能以事親謂之孝……。（《荀子・王制篇》

可以知道，要行孝就必須靠後天修習禮義來加以規範人的行為，因為過與不及的表現都不符合真正的孝。荀子認為孝道是後天培養的說法雖然與孔孟有異，對孝的內容卻仍是傳統的說法，《荀子・禮論篇》言：

> 事生，飾始也；送死，飾終也；終始具，而孝子之事畢，聖人之道備矣。

孝道的實行不僅止於對父母生前的奉養，還包括死後的喪祭。即《禮記・祭統》所言：

> 孝子之事親也，有三道焉：生則養，沒則喪，喪畢則
> 祭。養則觀其順也，喪則觀其哀也，祭則觀其敬而時
> 也。盡此三道者，孝子之行也。

孔子說：「事死如事生，事亡如事存，孝之至也」（《禮記·中庸》），對父母的奉養是最基本的，但若能做到事死如事生，事亡如事存，那才是孝的最高表現。因為父母生前，還能表達意見，可以指示或要求子女的行為；若父母過世之後還能秉持原有的敬慎去祭拜父母，則是純粹出自於人子本身的孝思。荀子則言：

> 禮者，謹於治生死者也。生，人之始也；死，人之終
> 也，終始俱善，人道畢矣。故君子敬始而慎終，終始
> 如一，是君子之道，禮義之文也。夫厚其生而薄其死，
> 是敬其有知，而慢其無知也，是姦人之道而倍叛之心
> 也。君子以倍叛之心接臧穀，猶且羞之，而況以事其
> 所隆親乎！故死之為道也，一而不可得再復也，臣之
> 所以致重其君，子之所以致重其親，於是盡矣。故事
> 生不忠厚，不敬文，謂之野；送死不忠厚，不敬文，
> 謂之瘠。君子賤野而羞瘠，……（《荀子·禮論篇》）

生與死是人的終始，要做到終始俱善、終始如一才是君子之道、禮義之文。孝道的最高行為原則是禮，禮對於孝道的規範包括了敬始而慎終，也就是事生當敬，事死需慎，這可以說是孔子所說：「生，事之以禮；死，葬之以禮，祭之以禮。」

（《論語・為政第二》）的發揮。禮就是節[24]，就是行為要合於根據一定形勢所訂立下來的儀典，方不致使之過與不及而失其當。對孝道而言亦然，過與不及的表現都有損孝道的精神，所以對於侍奉父母的生死都要合於禮。但荀子特別重死，因為他認為「夫厚其生而薄其死，是敬其有知，而慢其無知也，是姦人之道而倍叛之心也」，況且「死之為道也，一而不可得再復也」，所以對於事死多所著墨，如服喪：

> 將由夫愚陋淫邪之人與？則彼朝死而夕忘之；然而縱之，則是曾鳥獸之不若也，彼安能相與群居而無亂乎！將由夫脩飾之君子與？則三年之喪，二十五月而畢，若駟之過隙，然而遂之，則是無窮也。故先王聖人安為之立中制節，一使足以成文理，則舍之矣。（《荀子・禮論篇》）

無禮義的愚陋之人，對於親人的追思可能一下子就忘掉了，鳥獸亡失其類尚且知道徘徊哀嚎，人對親人的哀思若是朝死夕忘，是連禽獸也不如。但那些修飾太過的君子，不知節制哀思，服喪無盡期，一方面因之有害自己人生的正常運作，是置死去的親人於無義；一面則可能是有所為而為，也不是出自於真心之孝。這就是荀子所說的：「一朝而喪其嚴親，而所以送葬之者，不哀不敬，則嫌於禽獸矣，君子恥之。故變

---

24 如《禮記・王制》：「司徒修六禮以節民性。」，又如《禮記・坊記》：「禮者，因人之情而為之節文。」，又如《禮記・喪服四制》：「理者義也，節者禮也。」，都可看出禮為節也。

而飾，所以滅惡也；動而遠，所以遂敬也；久而平，所以優生也」（同上）。他又說：

> 禮者，斷長續短，損有餘，益不足，達愛敬之文，而滋成行義之美者也。故文飾、麤惡、聲樂、哭泣、恬愉、憂戚，是反也，然而禮兼而用之，時舉而代御。故文飾、聲樂、恬愉，所以持平奉吉也；麤惡、哭泣、憂戚，所以持險奉凶也。故其立文飾也，不至於窕冶；其立麤惡也，不至於瘠棄；其立聲樂恬愉也，不至於流淫惰慢；其立哭泣哀戚也，不至於隘懾傷生，是禮之中流也。（同上）

禮就是要在過與不及之間，尋得中道的平衡點，除了使生者情感哀思的表現適度外，也能分別出生者與死者的親疏貴賤關係，同樣要哀戚敬慎，但會隨著親疏貴賤之別而有不同程度的表達。所謂「一使足以成文理，則舍之矣。」（同上）的意思就是中道的標準是要「使足以成文理」，但就服喪而言，成文理不是一視同仁的對待，而是要配合親疏貴踐的程度，如：

> 然則何以分之？曰：至親以期斷。是何也？曰：天地則已易矣，四時則已遍矣，其在宇中者莫不更始矣，故先王案以此象之也。然則三年何也？曰：加隆焉，案使倍之，故再期也。由九月以下何也？曰：案使不及也。故三年以為隆，緦麻、小功以為殺，期、九月

以為間。上取象於天，下取象於地，中取則於人，人
所以群居和一之理盡矣。故三年之喪，人道之至文者
也，夫是之謂至隆。是百王之所同，古今之所一也。
（同上）

至親的標準是一年就除服，因為一年是天地歷經四時的變化
後，又重新開始的週期。至於父母要服喪三年，是要顯示出
對父母特別的隆恩；而大功九月、小功五月、緦麻三月的差
別，就在於隨親疏貴賤之別而遞減。這種服喪制度的訂定是
「上取象於天，下取象於地，中取則於人」，也就是根據天地
時節又能盡展人群聚居的純厚之恩而來。[25]

　　事死之事，除了對於死者的殯斂的器物，如棺木、衣著、
祭品等等都有一定的規範；對於生者而言，衣食住行，言行

25 關於這段文字亦見於《禮記‧三年問》：「然則何以至期也？曰：至親
　以期斷。是何也？曰：天地則已易矣，四時則已變矣，其在天地之中
　者，莫不更始焉，以是象之也。然則何以三年也？曰：加隆焉爾也，
　焉使倍之，故再期也。由九月以下何也？曰：焉使弗及也。故三年以
　為隆，緦小功以為殺，期九月以為間。上取象於天，下取法於地，中
　取則於人，人之所以群居和壹之理盡矣。故三年之喪，人道之至文者
　也，夫是之謂至隆。是百王之所同，古今之所壹也，未有知其所由來
　者也。」，雖然文字略有出入，但相去不遠。《十三經注疏》引鄭玄注
　曰：「取象於天地，謂法其變易也。自三年以至緦，皆歲時之數也。
　言既象天地又足以盡人聚居純厚之恩也」。又引正義曰：「天地之氣三
　年一閏，是三年者取象於一閏；天地一期物終，是一期者取象於一周；
　九月者，以象陽之數又象三時而物成也；五月，以象於五行；三月者，
　取象天地一時而氣變。言五服之節皆取法於天也。中取則於人者，則
　法也，天地之中取則於人，若子生三年。然後免於父母之懷，故服三
　年。人之一歲，情意變改，故服一期；九月、五月、三月之屬，亦逐
　人情而減殺，是中則於人。」見〈三年問〉，《禮記正義》，卷 58，頁
　1663。

舉動也都必須按照具定的禮儀而為，甚至情感的流露也都要
合於禮：

> 故情貌之變，足以別吉凶，明貴賤親疏之節，期止矣。
> 外是，姦也；雖難，君子賤之。故量食而食之，量要
> 而帶之，相高以毀瘠，是姦人之道，非禮義之文也，
> 非孝子之情也，將以有為者也。故說豫娩澤，憂戚萃
> 惡，是吉凶憂愉之情發於顏色者也。歌謠傲笑，哭泣
> 諦號，是吉凶憂愉之情發於聲音者也。芻豢、稻粱、
> 酒醴、餰鬻、魚肉、菽藿、酒漿，是吉凶憂愉之情發
> 於食飲者也。卑絻、黼黻、文織、資麤、衰絰、菲繐、
> 菅屨，是吉凶憂愉之情發於衣服者也。疏房檖貌越席
> 床第几筵，屬茨倚廬，席薪枕塊，是吉凶憂愉之情發
> 於居處者也。兩情者，人生固有端焉。若夫斷之繼之，
> 博之淺之，益之損之，類之盡之，盛之美之，使本末
> 終始，莫不順比，足以為萬世則，則是禮也。(《荀子·
> 禮論篇》)

在這裡，人的體貌、情感、起居都以禮使之有別，之所以對
生命中體貌、情感、起居的注重，就在於將人的身體樣態視
為社會階層貴賤、群居親疏的展現；也是顯現出死者社會階
層、群居親疏的表徵。換言之，人的身體樣態所展示的是具
有社會文化意涵的生命。

　　不只事死如此，事生也要以禮行之。事生事死皆符合於
禮，才能終始俱善，才算善盡孝道，《荀子·禮論篇》就多次

提到此點：

> 故事死如生，事亡如存，終始一也。

> 凡禮：事生，飾歡也；送死，飾哀也；祭祀，飾敬也。

> 事生，飾始也；送死，飾終也；終始具，而孝子之事畢，聖人之道備矣。

> 大象其生以送其死，使死生終始莫不稱宜而好善，是禮義之法式也，儒者是矣。

> 禮者，謹於治生死者也。生，人之始也；死，人之終也，終始俱善，人道畢矣。故君子敬始而慎終，終始如一，是君子之道，禮義之文也。

敬始慎終，不但是「孝子之事畢」，是「人道畢」，也是「聖人之道備」的表現。敬始慎終就是禮義之文，若無禮義，孝道無所顯現，可知屬於道德範圍的禮義，對孝道的重要性。透過禮義對身體樣態（包括衣食、形貌、動作、言行等等）的規範，配合社會等級貴賤，一方面令死者得其如生時的孝意，一方面又能令生者不至於隘偪傷生，使人能表現出最稱情而立文又明於生死之義的孝道。

二、正身安國以養群

《史記・孟子荀卿列傳》記載當時荀子所處的局勢為：「荀卿嫉濁世之政，亡國亂君相屬，不遂大道而營於巫祝，

信機祥，鄙儒小拘，如莊周等又猾稽亂俗」。《荀子》書中對
於當時的濁世也有描寫，如：

> 今聖王沒，名守慢，奇辭起，名實亂，是非之形不明，
> 則雖守法之吏、誦數之儒，亦皆亂也。〈正名篇〉

> 今聖王沒，天下亂，姦言起，君子無埶以臨之，無刑
> 以禁之，故辨說也。（同上）

> 假今之世，飾邪說，文姦言，以梟亂天下，矞宇嵬瑣，
> 使天下混然不知是非治亂之所存者，有人矣。〈非十
> 二子篇〉

> 孫卿迫於亂世，鰌於嚴刑，上無賢主，下遇暴秦，禮
> 義不行，教化不成，仁者絀約，天下冥冥，行全刺之，
> 諸侯大傾。當是時也，知者不得慮，能者不得治，賢
> 者不得使，故君上蔽而無睹，賢人距而不受。〈堯問
> 篇〉

> 今諸侯異政，百家異說，則必或是或非，或治或亂。
> 〈解蔽篇〉

可知荀子所「嫉」的濁世是個「諸侯異政，百家異說」（《荀
子・解蔽篇》）的時局，當時諸侯異政，上無賢主以繼聖王；
百家異說造成姦言奇辭橫議，使得天下是非不明。簡而言之，
這是一個「禮義不行，教化不成」的亂世，身處亂世的蒼生
當然是生命安危不定、生活無有保障。對此，荀子一如孔孟，

有以天下為己任的胸懷,「懷將聖之心」(《荀子・堯問篇》)
遊走各國,希望一展懷抱救世治國的大志[26]。《荀子・非十二
子》所說:「今夫仁人也,將何務哉?上則法舜、禹之制,下
則法仲尼、子弓之義,以務息十二子之說。如是則天下之害
除,仁人之事畢,聖王之跡著矣」,事實上就是他的自許。

　　舜禹及仲尼、子弓都是荀子所謂的聖人之屬:

> 在一大夫之位,則一君不能獨畜,一國不能獨容;成
> 名況乎諸侯,莫不願以為臣,是聖人之不得埶者也,
> 仲尼、子弓是也。(同上)

> 一天下,財萬物,長養人民,兼利天下,通達之屬,
> 莫不從服,六說者立息,十二子者遷化,則聖人之得
> 埶者,舜、禹是也。(同上)

堯、禹為聖人之得埶者,仲尼、子弓則為聖人之不得埶者,

---

26 前文提到《史記・孟子荀卿列傳》說他游齊、適楚,雖然曾為學壇的
祭酒,但在政治的官銜上也只有做到小小的蘭陵令。劉向《孫卿新書
序錄》則言「孫卿之應聘於諸侯,見秦昭王,昭王方喜戰伐,而孫卿
以三王之法說之。及秦相應侯,皆不能用也。至趙,與孫臏議兵趙孝
成王前,孫臏為變詐之兵,孫卿以王兵難之,不能對也。足不能用……
孫卿卒不用於世,老於蘭陵。」,《韓詩外傳》與〔漢〕應邵的《風俗
通義・窮通第七》中亦有類似的文字記載,見《四部叢刊・子部》,
頁52。但《荀子・儒效篇》所載秦昭王與孫卿子的對話,並沒有提到
「三王之法」,而是說到儒者之所以能有益於國,在於「儒者法先王,
隆禮義,謹乎臣子而致貴其上者也……書中亦無「與孫臏議兵趙孝成
王前」的記載,惟〈議兵〉有「臨武君與孫卿子議兵於趙孝成王前」
之文。故知雖內容或有出入,但可以看出荀子曾試圖以儒家道德救世
之方說趙、秦等權勢者。

前者是「通則一天下，窮則獨立貴名」(《荀子‧儒效篇》)的大儒；後者是「一天下、兼利天下」，為天下權稱的聖王(《荀子‧正論篇》。二者的差別在於有無得埶，但不論得埶與否，皆對天下的平治有關鍵的作用，：

> 其窮也俗儒笑之，其通也英傑化之，嵬瑣逃之，邪說畏之，眾人愧之。通則一天下，窮則獨立貴名，天不能死，地不能埋，桀、跖之世不能汙，非大儒莫之能立，仲尼、子弓是也。《荀子‧儒效篇》

> 天下者，至重也，非至彊莫之能任；至大也，非至辨莫之能分；至眾也，非至明莫之能和。此三至者，非聖人莫之能盡。故非聖人莫之能王。聖人備道全美者也，是縣天下之權稱也。《荀子‧正論篇》

「其通也英傑化之，嵬瑣逃之，邪說畏之，眾人愧之」，正是亂世之象的掃除。為何大儒如此有益於國？荀子在回答秦昭王問孫卿子曰：「儒無益於人之國」的問題時，作了說明：

> 孫卿子曰：「儒者法先王，隆禮義，謹乎臣子而致貴其上者也。人主用之，則埶在本朝而宜；不用，則退編百姓而愨，必為順下矣。……儒者在本朝則美政，在下位則美俗。儒之為人下如是矣。」王曰：「然則其為人上何如？」孫卿曰：「其為人上也，廣大矣！志意定乎內，禮節脩乎朝，法則、度量正乎官，忠信愛利形乎下。行一不義，殺一無罪，而得天下，不為

也。此若義信乎人矣，通於四海，則天下應之如讙。
是何也？則貴名白而天下治也。...四海之內若一家，
通達之屬莫不從服。

儒者為人下之所以能美正美俗，乃因其法先王，隆禮義，能
守臣道而尊君長，其正意身行能感化他人；儒者在人上之所
以能使四海之內若一家，則在於志意定乎內，禮節脩乎朝，
法則、度量正乎官，忠信愛利形乎下。所以真正的儒者能「通
則一天下，窮則獨立貴名」，又能有化人之教，就在於其能修
習先王之法，隆禮義，正意身行，志意堅定。要做到如此，
都需要修身，因為「樂行而志清，禮脩而行成，耳目聰明，
血氣和平，移風易俗，天下皆寧，美善相樂。」《荀子・樂論
篇》，所以欲正意身行與志意平定是要以禮樂來加以修養。
而先王之法與隆禮義事實上就是屬於道德範圍的禮義人倫
教化，《荀子》一書中提到先王之道有八次，列舉如下：

今以夫先王之道、仁義之統，以相群居，以相持養，
以相藩飾，以相安固邪。〈榮辱篇〉

先王之道，仁之隆也，比中而行之。曷謂中？曰：禮
義是也。道者，非天之道，非地之道，人之所以道也，
君子之所道也。〈儒效篇〉

夫尚賢使能，賞有功，罰有罪，非獨一人為之也，彼
先王之道也，一人之本也，善善惡惡之應也，治必由
之，古今一也。……今子發獨不然：反先王之道，亂

楚國之法，墮興功之臣，恥受賞之屬，無僇乎族黨而抑卑其後世，案獨以為私廉，豈不過甚矣哉！〈彊國篇〉

君子賤野而羞瘠，故天子棺槨七重，諸侯五重，大夫三重，士再重，然後皆有衣衾多少厚薄之數，皆有翣菨文章之等，以敬飾之，使生死終始若一，一足以為人願，是先王之道，忠臣孝子之極也。〈禮論篇〉

先王之道，禮樂正其盛者也，而墨子非之。〈樂論篇〉

故尚賢使能，等貴賤，分親疏，序長幼，此先王之道也。〈君子篇〉

況夫先王之道，仁義之統，《詩》、《書》、《禮》、《樂》之分乎！彼固天下之大慮也，將為天下生民之屬長慮顧後而保萬世也。其流長矣，其溫厚矣，其功盛姚遠矣，非順孰修為之君子，莫之能知也。（同上）

不知而問堯、舜，無有而求天府。曰：「先王之道，則堯、舜已；六貳之博，則天府已。」〈大略篇〉

由上可知荀子所謂的先王之道事實上就是實踐「仁義禮樂」的人倫教化之道，是能為天下生民之屬長慮顧後而保萬世的人道。

對治國而言，則又以禮義為核心，所謂「隆禮貴義者其國治」《荀子・議兵篇》，故又可稱為禮義之化，即《荀子・

性惡篇》所說：

> 古者聖人以人之性惡，以為偏險而不正，悖亂而不治，
> 故為之立君上之埶以臨之，明禮義以化之，起法正以
> 治之，重刑罰以禁之，使天下皆出於治、合於善也。
> 是聖王之治而禮義之化也。

所以要想使天下平治的關鍵就在於「聖王之治」與「禮義之
化」。因為人的性惡，使「人之生固小人」，若是「又以遇亂
世，得亂俗，是以小重小也，以亂得亂也」《荀子‧榮辱篇》，
所以需要禮義的教化使之歸於善是天下治的重點，而實踐禮
義的人倫教化就是先王之道、聖王之治。聖王即聖人為王者，
聖人又為百姓所成者，所謂：「涂之人百姓，積善而全盡，謂
之聖人」《荀子‧儒效篇》，亦即一般人若能積聚善德，達到
純全盡備的地步，即為聖人。[27]而要能積善而全盡就在於修
為，如：

> 堯、禹者，非生而具者也，夫起於變故，成乎修為，
> 待盡而後備者也。《荀子‧榮辱篇》

> 以修身自強，則配堯、禹。《荀子‧修身篇》

修身不但能使人成為德配堯舜的聖人，亦是在位者得天下的
重要條件，《荀子‧榮辱篇》說：「志意致修，德行致厚，智

27　《荀子‧儒效篇》又云：「故聖人也者，人之所積也」。《荀子‧性惡
篇》亦曰：「故聖人者，人之所積而致矣。」。

慮致明，是天子之所以取天下也。」所以不論是有益於天下國家的大儒，或是能兼利天下的聖王，都需要修身，一則修己身以成為大儒或聖王而行仁義禮義人倫之治；同時以己身所修之禮義教化人民，使人歸於善，這就是所謂修與為的盡備，即修身以成聖，而為禮義之化，如此，則天下得治便有望。可以說修身是治國平天下之所在，《荀子・君道篇》便言：

> 請問為國？曰：聞修身，未嘗聞為國也。君者儀也，民者景也，儀正而景正。君者槃也，民者水也，槃圓而水圓。君射則臣決。楚莊王好細腰，故朝有餓人。故曰：聞脩身，未嘗聞為國也。

此處雖言治國，但正如《禮記・大學》所言：「國治而後天下平」，荀子亦云：「彼國安則天下安」（《荀子・樂論》）：

> 貴賤明，隆殺辨，和樂而不流，弟長而無遺，安燕而不亂，此五行者，足以正身安國矣。彼國安而天下安。

國安就能天下安，故正身安國即能天下安，也就是天下全體之生能安。欲正身安國的五個條件為「貴賤明，隆殺辨，和樂而不流，弟長而無遺，安燕而不亂」，事實上也就是前文所列有關先王之道的歸納總結，符合儒家注重聖賢德治的傳統。

　　總之，荀子的正身安國，著重在以禮義人倫教化修人性惡之生，使之歸於善合於治，而修為盡備能為大儒或聖王者，亦是實踐此禮義教化於天下使天下治的執行者，故荀子又特

別強調身負國家百姓的在位者的養生，如《荀子‧正論篇》：

> 天子者，埶至重而形至佚，心至愉而志無所詘，而形
> 不為勞，尊無上矣。衣被則服五采，雜間色，重文繡，
> 加飾之以珠玉；食飲則重大牢而備珍怪，期臭味，曼
> 而饋，伐皋而食，雍而徹乎五祀，執薦者百人侍西房；
> 居則設張容，負依而立，諸侯趨走乎堂下；出戶而巫
> 覡有事，出門而宗祝有事；乘大路趨越席以養安，側
> 載睪芷以養鼻，前有錯衡以養目；和鸞之聲，步中武、
> 象，驟中韶、護以養耳；三公奉軶、持納，諸侯持輪、
> 挾輿、先馬，大侯編後，大夫次之，小侯元士次之，
> 庶士介而夾道，庶人隱竄，莫敢視望。居如大神，動
> 如天帝。持老養衰，猶有善於是者與不？老者，休也，
> 休猶有安樂恬愉如是者乎？故曰：諸侯有老，天子無
> 老。

對於在位者的形、體、衣、食、住、行都有一定的規範要求，
皆因天子為無上之尊，所以要「埶至重而形至佚，心至愉而
志無所詘，而形不為勞」，也就是說天子之養，包括了「埶」、
「形」、「心」、「志」，意即涵蓋了身與心的持養，尤其是德性
的修養：

> 古者先王分割而等異之也，故使或美，或惡，或厚，
> 或薄，或佚樂，或劬勞，非特以為淫泰夸麗之聲，將
> 以明仁之文、通仁之順也。故為之雕琢刻鏤、黼黻文
> 章，使足以辨貴賤而已，不求其觀；為之鍾鼓、管磬、

> 琴瑟、竽笙，使足以辨吉凶、合歡定和而已，不求其
> 餘；為之宮室、臺榭，使足以避燥溼、養德、辨輕重
> 而已，不求其外。(《荀子・富國篇》)

　　原本「雕琢刻鏤，黼黻文章，所以養目也」(《荀子・禮論篇》)，但更大的意義是要使之有貴賤之辨，不求觀；原本「鍾鼓管磬，琴瑟竽笙，所以養耳也」(同上)，但更重要是在於使之有吉凶之辨、合歡定和而已，不求過度[28]；原來「疏房檖貌，越席床笫几筵，所以養體也」(同上)，但更強調能使之避溼、養德、有輕重之辨。也就是在耳目形體的給養之上，突出以養來顯示人的貴賤、吉凶、輕重的分辨，這已突破了單純的維持生理需求的滿足，賦予養具有社會階層的意義。尤其不能忽略的是，在居處的要求方面除了含有生理及社會的兩方面義意外，還包括了「養德」。

　　可以說荀子對將「養身以有為」的命題，特別發揮於上位者。但這並非代表便將一般人屏除於其外；相反的，就因為人人可以為大儒聖人，所以若有志於天下家國之安者，更需要修身，不管有無得執，皆能盡成上利天下、下美政俗的志向。即使不能為儒成聖，能修禮義之偽而化為惡之性，則人性自當為善，則天下亦能歸於治，即所謂「性偽合而天下治」《荀子・禮論篇》。

28　「餘謂過度而作，鄭衛者也」，〔清〕王先謙著，《荀子集解》，〈富國篇〉，頁116。

第二章　以禮義爲核心的養生論

　　荀子的中心思想為「禮」，王先謙在《荀子集解》的序文說：「荀子論學論治，皆以禮為宗，反復推詳，務明其指趣。為千古修道立教所莫能外。」[1]荀子將禮列為極高的地位，《荀子・禮論篇》言：「禮者，人道之極也」，就是將禮視為一切與人有關的自然與人事之最高總則：

> 天地以合，日月以明，四時以序，星辰以行，江河以流，萬物以昌，好惡以節，喜怒以當，以為下則順，以為上則明，萬變不亂，貳之則喪也。禮豈不至矣哉！立隆以為極，而天下莫之能損益也。本末相順，終始相應，至文以有別，至察以有說，天下從之者治，不從者亂；從之者安，不從者危；從之者存，不從者亡。

王先謙於「天地以合……喜怒以當」句下引楊倞注曰：「言禮能上調天時，下節人情。若無禮以分別之，則天時人事皆亂也。」又說：「昌，謂各遂其生」[2]，可知禮對於天時人事具有「調」、「節」，使之有序不亂的功效，所以一切自然人事，

1　〔清〕王先謙著，《荀子集解》，序，頁1。
2　〔清〕王先謙著，《荀子集解》，〈禮論篇〉，頁236。

都需依禮才得以行止有序，禮可以說是一切規範的總則。若對萬物而言，萬物以禮各遂其生，人屬萬物之列，若欲遂其生，亦不能離乎禮，所以荀子言：「故人無禮則不生」（《荀子・修身篇》）

因之，其養生論雖不脫儒家以道德的心性修養為主的思維，但禮則成為道德修養的核心，惟《荀子・彊國篇》又言：「故人莫貴乎生，莫樂乎安；所以養生安樂者，莫大乎禮義。」則欲養生安樂者，必以禮義為之。何以禮之外，又特別強調義？到底禮義與人的養生安樂有何關係？禮義為何能使人養生安樂？以下試論之。

第一節　禮義爲人之所以爲人的特質

人是養生的主體，要養生自然是要先對主體有所了解，荀子從人獸之分來說明人的特色：

> 然則人之所以為人者，非特以二足而無毛也，以其有辨也。今夫狌狌形相亦二足而無毛也，……。故人之所以為人者，非特以其二足而無毛也，以其有辨也。夫禽獸有父子而無父子之親，有牝牡而無男女之別。故人道莫不有辨。（《荀子・非相篇》）

> 水火有氣而無生，草木有生而無知，禽獸有知而無義，人有氣、有生、有知，亦且有義，故最為天下貴

也。力不若牛，走不若馬，而牛馬為用，何也？曰：
人能群，彼不能群也。(《荀子‧王制篇》)

荀子認為人之所以為人在於「辨」；但人之所以為貴在於
「群」。「有辨」與「能群」是人的兩大特點。

　　對於人之所以為人的論述上，儒家往往不從人的自然性，
而多從社會性談起，也就是從倫理的特性來突顯人的與眾不
同，如《孟子‧滕文公上》：「人之有道也，飽食煖衣，逸居
而無教，則近於禽獸。聖人有憂之，使契為司徒，教以人倫：
父子有親，君臣有義，夫婦有別，長幼有序，朋友有信」，孟
子指出人異於禽獸之處在於人能明於人倫[3]。荀子亦然，他特
別指出「然則人之所以為人者，非特以二足而無毛也，以其
有辨也」，應是一般人認為「二足」「無毛」這兩個條件是人
不同於萬物之處，但是他以「狌狌形相亦二足而無毛也」來
反駁，可知以「形相」來區分人獸之別不盡周延。他認為人
之所以為人之處就在於「有辨」，所謂有辨並非指有父子、男
女的差異；而是有父子之親、男女之別，前者屬於親情倫理
之辨，後者屬於性別生理之辨，有此二者，人才是為人，故
「辨」乃人所以為人之道。

　　人的另一個特色就是為天下貴。人之所貴在於人能凌駕
禽獸，而其原因不在力氣的強弱或行動的敏捷與否，而是在
於人「能群」。《荀子‧君道篇》提到何謂「能群」：

---

3 又如《孟子‧離婁下》亦云：「人之所以異於禽獸者幾希，庶民去之，
　君子存之。舜明於庶物，察於人倫；由仁義行，非行仁義也。」

> 能群也者，何也？曰：善生養人者也，善班治人者也，
> 善顯設人者也，善藩飾人者也。...省工賈，眾農夫，
> 禁盜賊，除姦邪，是所以生養之也。天子三公，諸侯
> 一相，大夫擅官，士保職，莫不法度而公，是所以班
> 治之也。論德而定次，量能而授官，皆使人載其事而
> 各得其所宜，上賢使之為三公，次賢使之為諸侯，下
> 賢使之為士大夫，是所以顯設之也。修冠弁衣裳、黼
> 黻文章、彫琢刻鏤、皆有等差，是所以藩飾之也。

故知善於生養人民、善於設官分職、善於顯用人[4]、善於制祿
有等，就是「能群」，這本是言君主所欲行的能群之道，但我
們也可從中得出所謂的能群是指人在群體生活中的各得其
所。

　　不過「有辨」與「能群」雖是人的特色，但要如何才能
成為有辨又能群之人呢？首先，人要有辨必須有賴於禮：

> 辨莫大於分，分莫大於禮。(《荀子‧非相篇》)

關於「分」，王先謙《荀子集解》引楊倞注曰：「有上下親疏
之分也」[5]，又於「分莫大於禮」處言：「分生於禮」。綜合而
言，即人之所以為人在於人有親疏上下之別，而此乃由禮而
來，所謂：

---

4 王先謙案：「設，用也。顯設人猶言顯用人。」〔清〕王先謙著，《荀子
　集解》，〈君道篇〉，頁156。
5 〔清〕王先謙著，《荀子集解》，〈非相篇〉，頁50。

禮別異（《荀子‧樂論篇》）

> 禮者，貴賤有等，長幼有差，貧富輕重皆有稱者也。
> （《荀子‧富國篇》）

也就是說人差別等級的各當其宜就是禮。而《荀子‧禮論篇》又言：「曷謂別？曰：貴賤有等，長幼有差，貧富輕重皆有稱者也。」可見禮即人倫之別也：

> 禮者，人主之所以為群臣寸尺尋丈檢式也。人倫盡矣。
> （《荀子‧儒效篇》）

> 禮者，節之準也。……禮以定倫。（《荀子‧致士篇》）

《荀子‧禮論篇》又云：「故繩者直之至，衡者平之至，規矩者方圓之至，禮者人道之極也」，將禮與繩墨、權衡、規矩並舉，便可知禮具有度量的作用：換言之，禮就是人道的繩墨、權衡、規矩，亦即禮即人道的準則。也就是說，「人道莫不有辨」，而禮又為人道的準則，所以人若想成為異於禽獸的「有辨」之人，就必須有待於「禮」。

至於人要能群則賴以「義」，《荀子‧王制篇》提到：

> 人何以能群？曰：分。分何以能行？曰：義。

前文提到「能群」指的是「人在群體生活中的各得其所」，群是由許多的個體組成，個體與個體之間必定有所異同，如《荀子‧富國篇》言：「人倫竝處，同求而異道，同欲而異知，生

也。皆有可也，知愚同；所可異也，知愚分。」王先謙《荀子集解》注曰：「倫，類也。竝處，群居也。其在人之法數，則以類群居也。同求異道，謂或求為善，或求為惡，此人之性也」，又云：「可者，遂其意之謂也」[6]。就此而言，則同者在於「求」、「欲」、以及「對所欲求的可」；所異則在於「求之道」、「欲之知」，以及「對可的認知」。但就是因為人皆有「求」、有「欲」、有「可」，所謂「欲惡同物，欲多而物寡，寡則必爭矣。」（同上）例如：

> 夫貴為天子，富有天下，是人情之所同欲也，然則從
> 人之欲，則埶不能容，物不能贍也。故先王案為之制
> 禮義以分之，使有貴賤之等，長幼之差，知愚、能不
> 能之分，皆使人載其事而各得其宜，然後使穀祿多少
> 厚薄之稱，是夫群居和一之道也。（《荀子・榮辱篇》）

就因為欲多而物寡，因此需要有所「分」，即合理的分配，配合應有的階等得其合宜之求，使之不因無所節制的爭奪而歸於亂，因此分的先決條件是以禮別其階等，然後需要「義」方能得以執行，因為：

> 義者，所以限禁人之為惡與姦者也。…夫義者，內節
> 於人而外節於萬物者也，上安於主而下調於民者也。
> 內外上下節者，義之情也。（《荀子・彊國篇》）

6　〔清〕王先謙著，《荀子集解》，〈富國篇〉，頁 113。

「義」之所以能「限禁」人的為惡與姦，就在於「節制」而「調」，使皆有所當其宜。因為如此，個體之間才能各得其所而合於群，換言之，分是為了要使異同有所調制而趨於合。

　　不過，雖然因禮而有辨，因義而能群，但事實上禮義是相互而成的。荀子既已從社會性論人，則兩大基本要素就是「社會」與「人」，社會即為人的群集之合，重點在於合一；「辨」為人的倫類之別，重點在於別異。有辨才有別，能群必以合。人若無辨無別於禽獸[7]，故人之所以為人，禮不可失；人又不能離開群居生活[8]，此為人之所以貴於禽獸之處，故義不可缺。所以人要養的生，是一個具有禮義的社會性生命體。

第二節　養生安樂莫大於禮義

　　關於禮義作為荀子養生論的核心項目，最直接的說法就是「養生安樂莫大於禮義」，這也是孔孟荀當中對道德養生提出最明確的論點。其文如下：

> 人之所惡何也？曰：汙漫、爭奪、貪利是也。人之所好者何也？曰：禮義、辭讓、忠信是也……故凡得勝者，必與人也；凡得人者，必與道也。道也者何也？曰：禮讓、忠信是也。……為人臣者，不恤己行之不

7　《荀子・賦篇》：「性不得則若禽獸。」
8　《荀子・富國篇》言：「人之生不能無群」、「離居不相待則窮」，又《荀子・王制篇》云：「故人生不能無群。」

> 行，茍得利而已矣，是渠衝入穴而求利也，是仁人之
> 所羞而不為也。故人莫貴乎生，莫樂乎安；所以養生
> 安樂者，莫大乎禮義。人知貴生樂安而棄禮義，辟之
> 是猶欲壽而剄頸也，愚莫大焉。《荀子・彊國篇》

為何荀子說養生安樂莫大乎禮義呢？原來禮義除了分群的功
能之外，對於人的生命而言，還有教化的功能，上述引文說
到「：汙漫、爭奪、貪利」是人之所惡，偏偏惡來自於人的
本身，這與荀子的人性論有很大的關係，所以必須要先加以
說明。關於人性論，孟子時期人性的善惡成為當時的熱門話
題，《孟子・告子上》有一則公都子與孟子有觀人性論的對
話，公都子說到告子性無善無不善的論點，也說有人提到性
可以為善，可以為不善，以及有性善，有性不善的看法，
而孟子則明確標舉性善論[9]。不過荀子則高喊性惡論，《荀子》
一書有〈性惡篇〉，其中言及「性惡」一語就有二十次之多[10]

9　公都子曰：「告子曰：『性無善無不善也。』或曰：『性可以為善，可以
　　為不善，是故文武興則民好善，幽厲興則民好暴。』或曰：『有性善，
　　有性不善，是故以堯為君而有象，以瞽瞍為父而有舜，以紂為兄之子
　　且以為君，而有微子啟、王子比干。』今曰『性善』，然則彼皆非歟？」
　　孟子曰：「乃若其情則可以為善矣，乃所謂善也。若夫為不善，非才之
　　罪也。惻隱之心，人皆有之；羞惡之心，人皆有之；恭敬之心，人皆
　　有之；是非之心，人皆有之。惻隱之心，仁也；羞惡之心，義也；恭
　　敬之心，禮也；是非之心，智也。仁義禮智，非由外鑠我也，我固有
　　之也，弗思耳矣。故曰：求則得之，舍則失之。或相倍蓰而無算者，
　　不能盡其才者也。《詩》曰：『天生蒸民，有物有則。民之秉彝，好是
　　懿德。』孔子曰：『為此詩者，其知道乎！故有物必有則，民之秉彝也，
　　故好是懿德。』」。（《孟子・告子上》）
10　列其文如右：「人之性惡，其善者偽也。」、「然則人之性惡明矣，其

我們可就「性」與「惡」來談其性惡論，何謂性？荀子的說法大致如下：

> 性者，本始材朴也。(《荀子・禮論篇》)

> 生之所以然者謂之性；性之和所生，精合感應，不事而自然謂之性。(《荀子・正名篇》)

> 凡性者，天之就也，不可學，不可事……不可學，不可事，而在人者，謂之性(《荀子・性惡篇》)

> 故聖人之所以同於眾，其不異於眾者，性也(同上)

由此整理出幾點：（一）性為原始的材質，本然的面貌。（二）為人天生自然即有，是與外界接觸的自然感應。（三）為不可學，不可事。（四）為人人皆同，不論君子、小人，或是聖人，皆一同也。

　　以上所示可以說是性的特質，只要符合這些項目的皆為性，而符合這些條件的具體內容又有哪些呢？

善者偽也。」〔七次〕、「故人之性惡明矣，其善者偽也」、「然則人之性惡明矣」、「今人之性惡，必將待師法然後正，得禮義然後治。」、「古者聖王以人之性惡，以為偏險而不正，悖亂而不治，是以為之起禮義、制法度，以矯飾人之情性而正之，以擾化人之情性而導之也。」、「故古者聖人以人之性惡，以為偏險而不正，悖亂而不治，故為之立君上之埶以臨之，明禮義以化之，起法正以治之，重刑罰以禁之，使天下皆出於治、合於善也。」、「今人之性惡，必將待聖王之治、禮義之化，然後皆出於治、合於善也」、「人之性惡，則禮義惡生？」、「人之欲為善者，為性惡也。」〔二次〕、「今不然，人之性惡。」、「性惡則與聖王、貴禮義矣。」、「立君上、明禮義，為性惡也。」

今人之性，目可以見，耳可以聽。夫可以見之明不離目，可以聽之聰不離耳；目明而耳聰，不可學明矣。(《荀子‧性惡篇》)

目辨白黑美惡，耳辨音聲清濁，口辨酸鹹甘苦，鼻辨芬芳腥臊，骨體膚理辨寒暑疾養，是又人之所常生而有也，是無待而然者也，是禹、桀之所同也。(《荀子‧榮辱篇》)

此處指出感官的感知能力是性，屬於生理的官能。

今人之性，生而有好利焉，……生而有疾惡焉，……生而有耳目之欲，有好聲色焉，……(《荀子‧性惡篇》)

若夫目好色、耳好聲、口好味、心好利、骨體膚理好愉佚，是皆生於人之情性者也；感而自然，不待事而後生之者也。(《荀子‧性惡篇》)

故聖人之所以同於眾，其不異於眾者，……夫好利而欲得者，此人之情性也 (《荀子‧性惡篇》)

材性知能，君子、小人一也。好榮惡辱，好利惡害，是君子小人之所同也，若其所以求之之道則異矣 (《荀子‧榮辱篇》)

今人之性，飢而欲飽，寒而欲煖，勞而欲休，此人之情性也。(《荀子‧性惡篇》)

故知，感官的功能是性，感官的欲求也是性，「好利」、「疾惡」、以及「耳目口腹之欲」，皆為生理的需求及傾向，所以綜合而言，人性即屬於身體生理方面的感官功能與慾望。

不過要注意的是，荀子常將情性並稱。依據《荀子·正名篇》「性之好惡喜怒哀樂謂之情」，「性者，天之就也；情者，性之質也」的說法，性含有喜怒哀樂的感應能力，而當喜怒哀樂真正發用於外者則謂之情。不過情性在此的分別並不十分的清楚[11]，時有情性互用或聯用的情形。

至於「惡」，《荀子·性惡篇》言：「凡古今天下之所謂善者，正理平治也；所謂惡者，偏險悖亂也：是善惡之分也」。然則身體的生理功能及慾望與「偏險悖亂也」又有何關聯呢？《荀子·性惡篇》言：

> 人之性惡，其善者偽也。今人之性，生而有好利焉，順是，故爭奪生而辭讓亡焉；生而有疾惡焉，順是，故殘賊生而忠信亡焉；生而有耳目之欲，有好聲色焉，順是，故淫亂生而禮義文理亡焉。然則從人之性，順

11　如〈荀子「天生人成」－原則之構造〉一文云：「性由感應，遂生好惡，遂有喜怒哀樂，此之謂情」。這是說情為性所發。但荀子又說：「情者，性之質也」，則又以情規定性，此情為性之本質。由此可見，情性實只是一個東西，故荀子即常以「情性」相連為詞。韋正通，項維新，劉福增編：《中國哲學思想論集》（臺北：水牛出版社，1976年），頁197。又如：「在先秦，情與性，是同質而常常可以互用的兩個名詞。在當時的一般說法，性與情，好像一株樹生長的部位。根的地方是性，由根伸長上去的枝幹是情；部位不同，而本質則一。」見〈由心善向心知〉，徐復觀：《中國人性論史》（上海：上海三聯書店，2001年），頁204。

人之情，必出於爭奪，合於犯分亂理，而歸於暴。

這些「好利」、「疾惡」、以及「耳目口腹之欲」的性，本身都不是惡，而是「順」「從」情性而為才有惡。所以荀子的性惡論是由行為結果立論，正確的說，荀子的性惡論不是性本惡，而是性能惡，且易為惡。身體生理的功能沒有善惡之分，主要指的就是順從隨情性而來的欲，不可去又不可盡[12]，「欲而不得，則不能無求；求而無度量分界，則不能不爭；爭則亂，亂則窮。」（《荀子・禮論篇》）。總而言之，人的惡來自於欲的爭所引起的亂。

不過人雖性惡，但是人又惡惡，《荀子・彊國篇》就言：「人之所惡何也？曰：汙漫、爭奪、貪利是也。人之所好者何也？曰：禮義、辭讓、忠信是也。」而且人「皆有可以知所以人雖有為惡的傾向，卻能知善，亦能為善。既然如此要如何能為善呢？荀子在「而歸於暴」之後，接著說：

故必將有師法之化，禮義之道，然後出於辭讓，合於文理，而歸於治。

今人之性惡，必將待師法然後正，得禮義然後治。今人無師法，則偏險而不正；無禮義，則悖亂而不治。

---

12 《荀子・正名篇》：「欲者，情之應也。以所欲為可得而求之，情之所必不免也；以為可而道之，知所必出也。故雖為守門，欲不可去，性之具也。雖為天子，欲不可盡。」又《荀子・榮辱篇》亦言：「人之情，食欲有芻豢，衣欲有文繡，行欲有輿馬，又欲夫餘財蓄積之富也，然而窮年累世不知不足，是人之情也。」

> 古者聖王以人之性惡，以為偏險而不正，悖亂而不治，
> 是以為之起禮義、制法度，以矯飾人之情性而正之，
> 以擾化人之情性而導之也。始皆出於治、合於道者也。
> （同上）

> 埶位齊，而欲惡同，物不能澹則必爭，爭則必亂，亂
> 則窮矣。先王惡其亂也，故制禮義以分之，使有貧富
> 貴賤之等，足以相兼臨者，是養天下之本也。（《荀子·
> 王制篇》）

《荀子·儒效篇》云：「性也者，吾所不能為也，然而可
化也」，性為惡的傾向是天生即有，人無法加以改變；但是卻
可以化性起偽而使人歸為善。「偽」是與「性」相對的概念，
是「可學而可能，可事而成而成之在人者」（《荀子·性惡
篇》），既言成之在人，故知乃後天人為。又根據「情然而心
為之擇謂之慮，心慮而能為之動謂之偽。慮積焉，能習焉，
而後成謂之偽」《荀子·正名篇》的說明來看，可以說「偽」
是「性知能三個成分所複合而成，雖其中涵攝著性，但亦兼
攝著知與能」[13]，故能以驗證後積累完成的「知識」與「才
能」來管理人的情性，使之不為惡。然而若說化性起偽是人
由惡轉善的轉化機制，那麼這個轉化的能量就是禮義：

> 禮義者，聖人之所生也，人之所學而能，所事而成者
> 也。（《荀子·性惡篇》）

13陳大齊著，〈荀子學說〉，《中國學思想論集》，頁172。

禮義符合了「偽」的條件，所以要使人為善歸治就在於藉由「師法之化」與「禮義之道」來使人化性起偽。禮義對於人的情性有何管理的功用？可分為兩個部分：

一、以禮義養情欲

前文已提到禮義的分群就會使人有貴賤長幼之分而各得其宜，所以人各知己分，各得己分，便不會有爭奪而亂的情形出現。這是就供養分配的方面來說：

> 王惡其亂也，故制禮義以分之，以養人之欲，給人之求。使欲必不窮於物，物必不屈於欲。兩者相持而長，是禮之所起也。（《荀子·禮論篇》）

故「禮者，養也」（《荀子·禮論篇》）的含義，就是以禮義養人情，所以荀子乃言：「孰知夫禮義文理之所以養情也」（同上）。養的原則就是要「使欲必不窮於物」「物必不屈於欲」，以禮義來分制人之欲求，使之得到一定且適當的供給，所以注重的是在於欲和物之間取得一個均衡點，而不是要全然的將欲化於無形，因為前文已提到欲不可去不可盡，「欲而不得，則不能無求；求而無度量分界，則不能不爭；爭則亂，亂則窮。」（《荀子·禮論篇》）。所以度量分界是很重要的，而禮義就是度量分界的標準，是養天下之大本。

既然有「度量分界」，就會有所限制，就是「節制」，如「節欲」、「去欲」，同樣的也有「節情」，如上節中提到有關禮的謹治生死，對於服喪，除了顯現出符合生者與死者社會

的貴賤長幼之別外,對於情感的表現是:

> 而所以送葬之者,不哀不敬,則嫌於禽獸矣,君子恥
> 之。故變而飾,所以滅惡也;動而遠,所以遂敬也;
> 久而平,所以優生也。禮者,斷長續短,損有餘,益
> 不足,達愛敬之文,而滋成行義之美者也⋯⋯其立哭
> 泣哀戚也,不至於隘懾傷生,是禮之中流也。(《荀子·
> 禮論篇》)

> 三年之喪,二十五月而畢,哀痛未盡,思慕未忘,然
> 而禮以是斷之者,豈不以送死有已,復生有節也哉!
> (《荀子·禮論篇》)

對於喪失至親而言,即使服了三年之喪仍然哀痛未失,思慕
未忘,但之所以禮規定三年喪畢的原因就是在於送死該有一
個終結,「哭泣諦號,是吉凶憂愉之情發於聲音者也」(同
上),但如果過度的則反而有害餘生者的身體與生活,故
「其立哭泣哀戚也,不至於隘懾傷生,是禮之中流也」(《荀
子·禮論篇》)。既盡喪親哀戚之情,又優生有節,這就是禮
之中流。

二、情安禮則正身

　　禮義除了是給養方配的準則外,也是人一切的生活規範,
《荀子·修身篇》言:「禮者,正身也,⋯⋯禮然而然,則是
情安禮也」,也就是說情性安於禮法,則人的有所規範而歸於

正，故其各方面無不正也，故同篇又言：

> 扁善之度：以治氣養生，則後彭祖；以修身自強，則
> 配堯、禹。宜於時通，利以處窮，禮信是也。凡用血
> 氣、志意、知慮，由禮則治通，不由禮則勃亂提僈；
> 食飲、衣服、居處、動靜，由禮則和節，不由禮則觸
> 陷生疾；容貌、態度、進退、趨行，由禮則雅，不由
> 禮則夷固僻違，庸眾而野。故人無禮則不生，事無禮
> 則不成，國家無禮則不寧。《詩》曰：「禮儀卒度，笑
> 語卒獲。」此之謂也

禮之所以是人有別於禽獸之處，除了在群體中禮為人倫
之分的原則外，就個人而言，則是人生的一切規範。上述的
引文可分成三個部分：

（1）血氣、志意、知慮，由禮則治通，不由禮則勃亂
提僈——血氣屬於生理範圍[14]，志意、知慮屬於心理層次。
指的是人的血氣、意識、心智。人的生理和心理，若由禮而
發，則順治通達；反之則悖亂怠慢。即生理與心理的情感反
映需要禮。

（2）食飲、衣服、居處、動靜，由禮則和節，不由禮則
觸陷生疾－－飲食起居要由禮才能適當有節；反之，過或不

---

14 關於血氣屬於生理之氣，《朱子語類》卷第52〈 孟子二〉「公孫丑上
之上」的說明甚為簡易貼切：「氣，只是一箇氣，但從義理中出來者，
即浩然之氣；從血肉身中出來者，為血氣之氣耳」故知血氣不具道德
性，屬於生理之氣。見《四部善本》，（新北：漢京文化事業有限公司）。

及的生活條件都會使人致禍生疾。所以人的衣食住行亦需要禮。

（3）容貌、態度、進退、趨行，由禮則雅，不由禮則夷固僻違，庸眾而野——指的是神情舉止，由禮則雅正；反之，則倨傲僻違[15]。所以人所對外的神情態度也需要禮。

由此觀之，凡人本有的生心理感應，人外在的衣食住行，人表現的神情舉止，若皆順禮而為則人生命所呈現的是一個和諧有序的身心狀態。所以說：「禮以正身」。

第三節　禮義為提昇人格的動力

禮義的分群功能使禮義成為人之所以為人的特色，禮義的教化功能則成為人安樂養生的準則，但《荀子・性惡篇》言：「今人之性，固無禮義，故彊學而求有之也；性不知禮義，故思慮而求知之也」，亦即人性之中是無禮義亦不知禮義的，之所以有禮義是彊學而求，思慮而求的，即求於外來的。但先決條件是先有禮義的存在，才能有所求，然則禮義何來？

> 聖人積思慮、習偽故，以生禮義而起法度，然則禮義法度者，是生於聖人之偽，非故生於人之性也。（同上）

15　王引之曰：「夷固，猶夷倨也。夷固僻違，猶言倨傲僻違。」〈不苟篇〉云：「倨傲僻違以驕溢人是也」，〔清〕王先謙著，《荀子集解》，〈修身篇〉，頁14。

> 故聖人化性而起偽，偽起而生禮義，禮義生而制法度；
> 然則禮義法度者，是聖人之所生也。故聖人之所以同
> 於眾，其不異於眾者，性也；所以異而過眾者，偽也。
> （同上）

> 故古者聖人以人之性惡，以為偏險而不正，悖亂而不
> 治，故為之立君上之勢以臨之，明禮義以化之，起法
> 正以治之，重刑罰以禁之，使天下皆出於治、合於善
> 也。是聖王之治而禮義之化也。（同上）

由上可得知，禮義的產生者是聖人；聖人產生禮義的動機是
因為人的性惡，「以為偏險而不正，悖亂而不治」，故生禮義
以化之；禮義的生成的方法是聖人積思慮、習偽故而來。但
人欲是無窮盡的，以致在禮義之外，還需要以法來治之，重
刑罰來禁之，所以禮義對於性之惡只有化治而無禁止的功
能。

　　人要為善為正的關鍵就在於禮義，但沒有聖人則無禮義，
故要使人生命形體成為和諧有序的狀態，聖人的重要性由此
可知。聖人也是道德修養最高境界的表徵，一如孟子「聖人
與我同類者」（《孟子‧告子上》），荀子也認為「凡人之性者，
堯、舜之與桀、跖，其性一也；君子之與小人，其性一也。」
（《荀子‧性惡篇》），性沒有等級差別，堯、舜之與桀、跖的
性都同，都具有天性的知與能，此為「塗之人也，皆有可以
知仁義法正之質，皆有可以能仁義法正之具」（同上）。既是
如此，為何人稱堯舜為聖，卻稱桀、跖為盜？原因就在於，「聖

人之所以同於眾，其不異於眾者，性也；所以異而過眾者，偽也。」（同上），即後天的善（即偽）是彼此的分界點，偽是要透過「心慮而能為之動謂之偽。慮積焉，能習焉，而後成謂之偽」（《荀子・正名篇》），也就是心的思慮經過無數次的判別，加以不斷從學習中獲得的經驗，所累積形成的善智善識，其具體的內容就是「仁義法正」，事實上也就是以禮義為核心的道德[16]：

> 凡禹之所以為禹者，以其為仁義法正。（《荀子・性惡篇》）

> 堯、禹者，非生而具者也，夫起於變故，成乎修為，待盡而後備者也。《荀子・榮辱篇》

由上可知人因修為禮義道德，到達備盡程度之後便為聖人。但聖人若也是人經由修養禮義而成，又是禮義之所生，則似有矛盾衝突之處。其實不然，上文提到的「起於變故」是很重要的，楊倞曰：「變故，患難事故也。言堯禹起於憂患成於修飾。由於待盡物理然後乃能備之。」他並舉了孟子「生

---

16 法乃由禮而來，《荀子・修身篇》：「故非禮，是無法也」；又《荀子・勸學篇》：「；《禮》者，法之大分、類之綱紀也。」，亦可見禮與法的關係。又據《荀子・性惡》云：「凡古今天下之所謂善者，正理平治也」，知「正」屬於善也。如此看來「仁義法正」也可說是「仁義禮善」。又《荀子・儒效篇》：「先王之道，仁之隆也，比中而行之。曷謂中？曰：禮義是也。道者，非天之道，非地之道，人之所以道也，君子之所道也。」故知仁義法正主要就是禮義。

於憂患，死於安樂」的論述來加以說明[17]，認為「智生於憂患，死於安樂」，即言大智慧是由生活的磨練中得來的，《荀子·榮辱篇》便說：

> 可以為堯、禹，可以為桀、跖，可以為工匠，可以為農賈，在注錯習俗之所積耳（《荀子·榮辱》）

在生活習俗經歷中，產生的應對舉措所累積而成的智慧經驗法則，是人格高低的原因。而智慧經驗法則的積累隨著不停的實證歷練愈趨於完善，終至成道德項目，所以可以說道德是生活歷練的智慧結晶。因為人的修為不同，所形成的人格亦有異：

> 孔子曰：「人有五儀：有庸人，有士，有君子，有賢人，有大聖。」《荀子·哀公篇》

郝懿行注曰：「儀者，匹也，猶儔類也。《大戴禮記·哀公問五義》，即五儀也，古儀字正作義。」王先謙則主「儀，猶等也」[18]，合二者言可以名之為類等，所以人有五儀即人有五重類等，其中他又於《荀子·修身篇》言：

> 好法而行，士也；篤志而體，君子也；齊明而不竭，

---

17 〔清〕王先謙著，《荀子集解》，〈榮辱篇〉，頁 40。所舉孟子之例為孟子曰：「天將降大任於是人也，必先苦其心志，勞其筋骨，餓其體膚，空乏其身，行拂亂其所為；所以動心忍性，曾益其所不能也。」此見於《孟子·告子下》

18 〔清〕王先謙著，《荀子集解》，〈哀公篇〉，頁 354。

> 聖人也。人無法則伥伥然；有法而無志其義，則渠渠
> 然；依乎法而又深其類，然後溫溫然。

接受禮法的規範而行，是士，雖有法但「無志其義」，因之「行法至堅，不以私欲亂所聞」（《荀子‧儒效篇》），並非由內心自然的行禮法，乃為了遵行而遵行，所以說是「不識其義，謂但拘守文字而已」[19]；君子則「固其志以履道」[20]，與士相較，一為「無志」，一為「固志」，二者皆「行法至堅」，但對於所聞則是從不以私慾干擾所聞，到脩正其所聞，以橋飾其情性，[21]展現對於智識的積極性；而聖人則更進一步，不但依法禮而行，而且是「禮然而然；則是情安於禮」（《荀子‧修身篇》）的行，亦即非以禮制情，而是情安於禮，這是因為他能「依乎法而深其類」，也就是不只是修正所聞，更能從所聞中加以融貫而「知通統類」[22]，所以能夠「則舉統類而應之」，「脩脩兮其用統類之行也」[23]，所以能「宗原應變，曲得其宜」（《荀子‧非十二子篇》）。

19　〔清〕王先謙著，《荀子集解》，〈修身篇〉，頁 20。

20　此為王念孫之注，出處同上注，頁 13。

21　《荀子‧儒效篇》：「行法至堅，不以私欲亂所聞：如是，則可謂勁士矣，行法至堅，好脩正其所聞，以橋飾其情性；其言多當矣，而未諭也；其行多當矣，而未安也；其知慮多當矣，而未周密也；上則能大其所隆，下則能開道不己若者：如是，則可謂篤厚君子矣‧脩百王之法，若辨白黑；應當時之變，若數一二；行禮要節而安之，若生四枝；要時立功之巧，若詔四時；平正和民之善，億萬之眾而博搏若一人：如是，則可謂聖人矣。」

22　〈非十二子篇〉楊倞注曰：「統謂綱紀，類謂比類。大謂之統，分別謂之類」。見〔清〕王先謙著，《荀子集解》，頁 60。

23　以上皆引自《荀子‧儒效篇》

雖然人人可以成為聖人，但聖人畢竟少數，因為成就聖人是一個漫長的過程，《荀子‧儒效篇》：

> 涂之人百姓，積善而全盡，謂之聖人。彼求之而後得，為之而後成，積之而後高，盡之而後聖，故聖人也者，人之所積也。

上述引文中已透露了成聖的經過，即：

```
          求      為      積      盡
涂之人－〉－－－〉－－－〉－－－〉－－－－〉聖人
          得      成      高      聖
```

所以一般人要成為聖人，必須先要有求聖人之心，這是基礎；惟雖然有求知心，還要去實際行動才能成；然後還要不間斷的去做才能到達一定的程度，等到盡善盡美的境界時就是真正的聖人了。聖人是要能知善、能行善，然後知行合一；還要能為善不輟，盡善而為。

「積禮義而為君子」，「積善而全盡，謂之聖人」（同上）以禮義為道德核心的修養，成了人生命境界提昇的動力。故《荀子‧賦篇》乃云：「性不得則若禽獸，性得之則甚雅似者與？匹夫隆之則為聖人，諸侯隆之則一四海者與？致明而約，甚順而體，請歸之禮——禮。」

由上可知，禮義是人之所以為人的特質，也是教化人使人養生安樂的準則、更是提昇生命境界，教化人性引領者（聖人）的培養源。人由生至死都應不能離開禮義的規範，才能使社會人有一個善的社會。所以《荀子‧大略篇》說：「故人

無禮不生」。

　　荀子以禮義養生論的核心，所顯示出最大的意義在於「人為人所主」，此乃因成為聖人的禮義是由人所生，為聖人的意願也是在於人，能指導人為聖人的也是人，跟天一點也沒有關係，所以人的生命是掌握在人的手上，充分展現人的自主權。

第三章　養生之道的內容

要討論荀子的養生之道，必須先明白荀子認為可養與不可養的內容。荀子說：

> 不為而成，不求而得，夫是之謂天職。如是者，雖深，其人不加慮焉；雖大，不加能焉；雖精，不加察焉，夫是之謂不與天爭職。天有其時，地有其財，人有其治，夫是之謂能參。舍其所以參，而願其所參，則惑矣。（《荀子・天論篇》）

荀子認為人不應該與天爭職，因為那是不為而成，不求而得的，所以人沒有可以置喙的餘地。人所能做的是參於天地，如何參呢？他說「天有其時，地有其財，人有其治，夫是之謂能參」，因此人所能做的便是「治」，即治天職。人應不爭天職，而治天職。雖然說「不為而成，不求而得，夫是之謂天職」但其具體內容為何？又如何治呢？荀子對天職的具體內容說明如下：

> 天職既立，天功既成，形具而神生。好惡、喜怒、哀樂臧焉，夫是之謂天情；耳、目、鼻、口、形，能各

> 有接而不相能也，夫是之謂天官；心居中虛，以治五
> 官，夫是之謂天君；財非其類以養其類，夫是之謂天
> 養；順其類者謂之福，逆其類者謂之禍，夫是之謂天
> 政。(同上)

荀子首先說到人的形具而神生，是「天職既立，天功既成」
的結果，我們已知「天職」是「不為而成，不求而得」，而「天
功」他則解釋為「皆知其所以成，莫知其無形」(《荀子・天
論》)，所以天職、天功都是一種對於「成」的特質描寫，就
人的生成而言，可以說人的形成是天生而成，又不知其所以
成。似乎是很神秘也無從得知其詳細的過程，但人組合的內
容卻是很具體，即：

　　一、人有形神——「形具而神生」，所以先有形才有神。

　　二、人有天情——「好惡、喜怒、哀樂臧焉」，《禮記・
禮運篇》云：「何謂人情？喜怒哀懼愛惡欲七者」雖然荀子的
天情沒有「懼」，而《禮記・禮運篇》的人情有「愛」無「樂」，
但大致相同，可以說是人的情緒反應。

　　三、人有天官——「耳、目、鼻、口、形」，即人的感官，
感官的性能是「能各有接而不相能也」，即能接收外來的刺激
而有所感，但彼此之間的感應是各司其職，互不相通。

　　四、人有天君——「心居中虛，以治五官」，指的就是居
於人體中央的心，其功能是治五官，所以只有心才有「治」
的功能。

　　以上是人自身的結構，也就是形體的部分。但人的生命

除生理結構之外，荀子還提到幾項與人有關的部分，其生成也是符合「天職」、「天功」，即

　　一、人有天養之能——「財非其類以養其類」，即人能自然的裁用異類來養自己，這可以說是人求生的本能。

　　二、人有天政之遇——「順其類者謂之福，逆其類者謂之禍，夫是之謂天政」，指的是人的禍福，屬於人的命運遭遇。

　　上述所有部分都不是人所能「治」者，人所能「治」之事即「全其天功」，具體的內容就是：

> 聖人清其天君，正其天官，備其天養，順其天政，養其天情，以全其天功。如是，則知其所為，知其所不為矣，則天地官而萬物役矣。其行曲治，其養曲適，其生不傷，夫是之謂知天。(《荀子‧天論篇》)

即治天君在於「清」，治天官在於「正」，治天養在於「備」，治天政在於「順」，治天情在於「養」，人能治此五者，則人能知其所為，知其所不為，能役萬物而不受萬物所役。因此人的行為能夠周遍，人的生養能夠得當，又無傷於萬物生成，這就是知天。亦即人當為的即是清明其心，正治感官，使材用備足（務本節用），順類而為，涵養天情。不過《荀子‧正名篇》言：「治亂在於心之所可，亡於情之所欲。」言治亂在於心而不在欲，欲為情性的作用，雖然有為惡的可能，但若是以心的認可去調節控制，就不會因縱情性而亂，故若欲治人使之為治為善為正，最重要的就是要治心。

第一節　心性修養之道

　　上文提到荀子的養生之道是由心及情欲著手，事實上也就是心性的修之道。因為情欲即是天情，也就是《禮記・禮運篇》所說的人情，屬於人之性，荀子稱心為天君，「天」言其自然之性，是就人天生皆有自然有心而言；「君」則謂其重要性主導性，所謂「心者，形之君也，而神明之主也」（《荀子・解蔽篇》），心是形神的君主，也就是人之主。最重要的是依荀子性惡論所言，認為惡是縱情性而生的亂，上文提到只有心有治的能力，故欲治亂者，非心莫屬，故荀子首重養心之道。

　　荀子的心有情欲面與理智面[1]：

心的情欲面──夫人之情，目欲綦色，耳欲綦聲，口欲綦味，鼻欲綦臭，心欲綦佚，此五綦者，人情之所必不免也。（《荀子・王霸篇》）

　　　　　　──故人之情，口好味而臭味莫美焉，耳好聲而聲樂莫大焉，目好色而文章致繁、婦女莫眾焉，形體好佚而安重閒靜莫愉焉，心好利而穀祿莫厚焉。（同上）

　　　　　　──心利之有天下（《荀子・勸學篇》）

心的理智面──人何以知道？曰：心。心何以知？曰：虛壹

1　此乃根據伍振勳，〈荀子的「身、禮一體」觀－從「自然的身體」到「禮義的身體」一文的用語，見《中國文哲研究集刊》19期（臺北：中央研究院中國文哲研究所，2001年），頁320-321。

而靜。(《荀子‧解蔽篇》)

　　　　——情然而心為之擇謂之慮,心慮而能為之動謂之偽。慮積焉,能習焉,而後成謂之偽。(《荀子‧正名篇》)

　　既言養心,則以何養之?《荀子‧樂論篇》所言「禮樂之統,管乎人心矣」,說明了對於人心要以禮樂養之。但要能知道禮義則又必須先保持心的清明。就人體而言,心既是人之主,為人發號施令的中樞[2],心正則人正,上文提到養天官要「清」,即是要清明其心,可見心有不清明之時,而「蔽」與「利」就是影響心清明的兩個主要原因,所以養心也是針對這兩個方面來說的。

一、情欲心的修養:以公義勝私欲

　　心為人之主,心正人正,影響心正有兩個因素,即利與蔽。此處要討論的是「利」的方面。心本身不是性,但心卻有好利之性,:

> 目好之五色,耳好之五聲,口好之五味,心利之有天下。(《荀子‧勸學篇》)

> 故人之情,口好味而臭味莫美焉,耳好聲而聲樂莫大焉,目好色而文章致繁、婦女莫眾焉,形體好佚而安重閒靜莫愉焉,心好利而穀祿莫厚焉。(《荀子‧王霸篇》)

---

2 荀子此處所謂的心等於現代醫學的大腦。

> 若夫目好色、耳好聲、口好味、心好利、骨體膚理好
> 愉佚，是皆生於人之情性者也；感而自然，不待事而
> 後生之者也。（《荀子‧性惡篇》）

好利不是惡，但若隨其所好，則人人為利是見，則惡便由此
而生，所謂「苟利之為見，若者必害」（《荀子‧禮論篇》），
所以貪利才是害，孔子時就已提出：「放於利而行，多怨。」
（《論語‧里仁第四》），孟子的義利之辨更為其主要論述之一，
荀子一書中也多次說明貪利之害，其中最大者便是貪利引起
的爭奪之亂：

> 生而有好利焉，順是，故爭奪生而辭讓亡焉（《荀子‧
> 性惡篇》）

> 所賤於桀、跖、小人者，從其性，順其情，安恣睢，
> 以出乎貪利爭奪。（《荀子‧性惡篇》）

> 凡人之患，偏傷之也。見其可欲也，則不慮其可惡也
> 者；見其可利也，則不顧其可害也者。是以動則必陷，
> 為則必辱，是偏傷之患也。（《荀子‧不苟篇》）

貪利是人的大患，貪利令人不顧其可害，故必爭之奪之，所
以會令人「動則必陷，為則必辱」，然而爭奪不只會使自身陷
於險境，也會影響他人的安危，如彼此間的攻伐，《荀子‧富
國篇篇》所言：「凡攻人者，非以為名，則案以為利也，不然
則忿之也」，就是說明了利實則為彼此攻伐的原因之一。小者

如兄弟亦不能免[3]，至於國與國之間的攻伐更是。尤其在位之
人貪利，其惡猶大：

> 挈國以呼功利，不務張其義，齊其信，唯利之求，內
> 則不憚詐其民而求小利焉，外則不憚詐其與而求大利
> 焉，內不脩正其所以有，然常欲人之有。如是，則臣
> 下百姓莫不以詐心待其上矣。上詐其下，下詐其上，
> 則是上下析也。如是，則敵國輕之，與國疑之，權謀
> 日行，而國不免危削，綦之而亡，齊閔、薛公是也。
> 故用彊齊，非以修禮義也，非以本政教也，非以一天
> 下也，綿綿常以結引馳外為務。故彊，南足以破楚，
> 西足以詘秦，北足以敗燕，中足以舉宋。及以燕、趙
> 起而攻之，若振槁然，而身死國亡，為天下大戮，後
> 世言惡，則必稽焉。是無它故焉，唯其不由禮義而由
> 權謀也。(《荀子‧王霸篇》)

所謂「內則不憚詐其民而求小利焉，外則不憚詐其與而求大
利焉」，即是對內爭利於民，對外爭利於國，為了爭利便會無
所不用其極，即權詐也。「上詐其下，下詐其上」，則上下離
析，敵國輕視，盟國疑懼，終不免國危甚至是滅亡。荀子特
地舉齊閔公與薛王孟嘗君為例[4]加以證明。此外，上貪利則上

3　如《荀子‧性惡篇》：「故順情性則弟兄爭矣」。
4　楊倞注云：「薛公孟嘗君田文，齊閔王之相也。齊閔王為五國所伐。皆
　薛公使然，故同言之」。見《荀子集解》，〈王霸篇〉，頁 134。又《史記
　‧春申君列傳》云：「春申君既相楚，是時齊有孟嘗君，趙有平原君，
　魏有信陵君，方爭下士，招致賓客，以相傾奪，輔國持權」。

行下效，貪利之風便會蔚為民俗：

> 大國之主也，不隆本行，不敬舊法，而好詐故，若是，
> 則夫朝廷群臣亦從而成俗於不隆禮義，而好傾覆也。
> 朝廷群臣之俗若是，則夫眾庶百姓亦從而成俗於不隆
> 禮義，而好貪利矣。君臣上下之俗，莫不若是，則地
> 雖廣，權必輕；人雖眾，兵必弱；刑罰雖繁，令不下
> 通。夫是之謂危國，是傷國者也。《荀子・王霸篇》

所以貪利實為傷人傷國之患。然而如何使心不貪於利呢？
荀子主張以「義」勝「利」，《荀子・大略篇》：

> 「義」與「利」者，人之所兩有也。雖堯舜不能去民
> 之欲利；然而能使其欲利不克其好義也。雖桀紂不能
> 去民之好義；然而能使其好義不勝其欲利也。故義勝
> 利者為治世，利克義者為亂世。

人生而有欲（《荀子・禮論篇》）；但人「亦且有義」（《荀子・
王制篇》），所以說「義」與「利」者，人之所兩有也。雖然
民之欲因為是生而即有而不能去，但人卻可以做到好義勝於
好利。若是上位者做到如此便能不與民爭利：

> 上重義則義克利，上重利則利克義。故天子不言多
> 少，諸侯不言利害，大夫不言得喪，士不通貨財。有
> 國之君不息牛羊，錯質之臣不息雞豚，冢卿不脩幣，
> 大夫不為場園，從士以上皆羞利而不與民爭業，樂分

> 施而恥積藏；然故民不困財，貧窶者有所竄其手。（同
> 上）

若是個人重義輕利，其情形又是如何呢？

> 君子之求利也略，其遠害也早，其避辱也懼，其行道
> 理也勇。君子貧窮而志廣，富貴而體恭，安燕而血氣
> 不惰，勞倦而容貌不枯，怒不過奪，喜不過予。……
> 《書》曰：「無有作好，遵王之道；無有作惡，遵王
> 之路。」此言君子之能以公義勝私欲也（《荀子・修
> 身篇》）

義是利的取捨標準。義與利的關係乃屬於道德與欲望的抗衡，
最大的利就是公義，有了公義便不會汲汲營求私利。故「君
子求利也略」，所以能早遠害、懼避辱、勇行理。因此貧窮時
志意廣大，「志意修則驕富貴」（同上）；既然驕富貴，所以富
貴時不因之傲慢，反倒是形體舉止愈趨恭敬。因為求利只求
基本的需要，所以「役物而不役於物」，故生活舒適而血氣不
怠惰，勞苦時能保持儀容的不苟且，喜怒有節。《書經》所言：
「無有作好，遵王之道；無有作惡，遵王之路」的意義，就
是說對於利欲的追求不因依個人的私心好惡去做；而是要遵
從聖王的正道。所謂正道，就是公義，因為「義」者，是「所
以限禁人之為惡與姦者也」（《荀子・彊國篇》），是「內節於
人，而外節於萬物者也；上安於主，而下調於民者也；內外
上下節者，義之情也」（同上），即「義」具有分配平均以調

節人情的功能，故也是是使人行為不為惡的標準。

另外，也可以從「節欲」與「去欲」做起。人性之惡實則為欲所起，若無欲則當無惡；但人生而有欲，這是人的天性，「故雖為守門，欲不可去，性之具也。雖為天子，欲不可盡」(《荀子・正名篇》)因為欲不去，也不可盡，所以荀子不言「去欲」、「寡欲」：

> 凡語治而待去欲者，無以道欲而困於有欲者也。凡語治而待寡欲者，無以節欲而困於多欲者也。有欲無欲，異類也，生死也，非治亂也。欲之多寡，異類也，情之數也，非治亂也。欲不待可得，而求者從所可。欲不待可得，所受乎天也；求者從所可，所受乎心也。

他認為對於欲的追求，要有心的認為可求才去求，因此要從對欲的追求進行，而不是對欲本身著手；而人是對於欲的追求之執行者，故人能透過人心的認可與否去克制對於慾望的追求，即「節欲」與「寡欲」：

> 欲雖不可盡，可以近盡也。欲雖不可去，求可節也。所欲雖不可盡，求者猶近盡；欲雖不可去，所求不得，慮者欲節求也。道者、進則近盡，退則節求，天下莫之若也。(同上)

積極方面就是「近盡」，即盡量減低自己的慾望；消極面就是「節欲」，即節制自己對欲的追求。而這就有待於理智心的

修養了。

二、理智心的修養：去心之蔽與養心治氣

對於理智心的修養包括以下兩個部分，即「虛壹而靜以去心之蔽」，再者為「養心莫善於誠」，以下分論之。

(一)、虛壹而靜以去心之蔽

心有「徵知」與「擇慮」的功能，《荀子・正名篇》：

> 心有徵知。徵知則緣耳而知聲可也，緣目而知形可也。然而徵知必將待天官之當簿其類，然後可也。

> 性之好惡喜怒哀樂謂之情。情然而心為之擇謂之慮。

楊倞注曰：「徵，召也，言心能召萬物而知之」，又言：「緣。因也，以心能召萬物，故可以因耳而知聲，因目而知形，而為之立名。心雖有知，不因耳目亦不可也。」[5]也可以說，耳目官能為人體的接收器，其特色為「能各有接而不相能也」（《荀子・天論篇》)，即言各有不同的接收功能而不互通，如耳的接收功能是「聽」，對象只限於「聲音」；目的接收功能就是「視」，對象則是「形」，因此不能互用。[6]所以要「當簿其類」，即「正與其類接觸」[7]才可以產生效果。但接收器並

---

5 〔清〕王先謙著，《荀子集解》，〈正名篇〉，頁276。
6 這是就正常功能而言，亦有一些超能者可以突破此種限定，如以耳試字。
7 見梁啟雄著，《荀子柬釋》，（臺北：臺灣商務印書館，1993年），頁315。

不具有判讀的功能，人體的解讀器就是「心」，心能通收耳目官能的資訊，解讀之後又能加以判別，此即為心的「知慮」，有知慮後才「出令」。但心的知慮並不一定正確合當，心若受到蒙蔽，便會做出有誤的判讀，則所知之慮便有偏差，所出之令便不為正，心不正則形不正，神亦不正，則人無以為君子，荀子又謂「君子之謂吉，小人之謂凶」，亦即心的不正會影響人的吉凶禍福：

> 相人，古之人無有也，學者不道也。……相人之形狀、顏色，而知其吉凶妖祥，世俗稱之。古之人無有也，學者不道也。故相形不如論心，論心不如擇術。形不勝心，心不勝術。術正而心順之，則形相雖惡而心術善，無害為君子也；形相雖善而心術惡，無害為小人也。君子之謂吉，小人之謂凶。故長短小大，善惡形相，非吉凶也。（《荀子·非相篇》）

古時的相術是透過對於人的外相（即形狀、顏色）來論知其吉凶禍福，但荀子首先就把人吉凶禍福的變化歸諸於人格，而非外貌，所以他說：「君子之謂吉，小人之謂凶」，而「術正而心順之，則形相雖惡而心術善，無害為君子也；形相雖善而心術惡，無害為小人也」這段話也點出了人格的高下不在於形相的善惡而在於心術善惡，故他主張要知人的吉凶禍福與其求諸於外在形相，還不如探討其內在心性，論心又不如論術，所以術才是真正論人的焦點。心術善惡是人成為君子的條件，心術的不善就是因心術之患而造成的蔽塞，

《荀子‧解蔽篇》云：

> 故為蔽：欲為蔽、惡為蔽，始為蔽、終為蔽，遠為蔽、
> 近為蔽，博為蔽、淺為蔽，古為蔽、今為蔽。凡萬物
> 異則莫不相為蔽，此心術之公患也。

> 聖人知心術之患，見蔽塞之禍，故無欲無惡，無始無
> 終，無近無遠，無博無淺，無古無今，兼陳萬物而中
> 縣衡焉。是故眾異不得相蔽以亂其倫也。何謂衡？
> 曰：道。

所謂「蔽」，荀子的定義是「欲為蔽、惡為蔽，始為蔽、終為
蔽，遠為蔽、近為蔽，博為蔽、淺為蔽，古為蔽、今為蔽」
（同上），此十蔽其實可以分為五組來看，即欲惡、始終、遠
近、博淺、古今，它們雖彼此對立，但又必須依賴彼此才得
以顯現其存在，例如沒有遠的對照，則不知何為近，自然對
於空間距離無從認知，意謂若各執於一端者則無法有真正全
面性的了解，這就是蔽。故楊倞注曰：「蔽者，言不能通明，
至於一隅，如有物壅蔽之也」[8]，亦即偏私不通明即為蔽。要
心不蔽的方法就是要使心「兼陳萬物而中縣衡焉」，衡就是
道，根據《荀子‧儒效篇》所言：「先王之道，仁之隆也，
比中而行之。曷謂中？曰：禮義是也。道者，非天之道，非
地之道，人之所以道也，君子之所道也。」，故楊倞注道曰「道

---

8 見〔清〕王先謙著，《荀子集解》，〈解蔽篇〉，頁 258。

調禮義」[9]可通。因為禮義

　　要保持心全面的清明，即大清明，如何才能使心呈現出大清明的狀態呢？即是虛壹而靜：

> 人何以知道？曰：心。心何以知？曰：虛壹而靜。心未嘗不臧也，然而有所謂虛；心未嘗不兩也，然而有所謂一；心未嘗不動也，然而有所謂靜。人生而有知，知而有志。志也者，臧也；然而有所謂虛，不以所已臧害所將受謂之虛。心生而有知，知而有異，異也者，同時兼知之；同時兼知之，兩也；然而有所謂一，不以夫一害此一謂之壹。心，臥則夢，偷則自行，使之則謀，故心未嘗不動也；然而有所謂靜，不以夢劇亂知謂之靜。未得道而求道者，謂之虛壹而靜。作之：則將須道者之虛則入，將事道者之壹則盡，盡將思道者靜則察。知道察，知道行，體道者也。虛壹而靜，謂之大清明。（同上）

虛壹而靜的「而」代表虛壹與靜的先後關係，所以真正的重點是虛、壹、靜，我們在此試著分論之。

　　虛——「人生而有知，知而有志。志也者，臧也；然而有所謂虛，不以所已臧害所將受謂之虛。」這段話言人心有徵知的功能，所徵知引發心的思慮就是知慮，則為「志」，智識能累積存藏，若能不以先前所存藏的智識妨害到將所受者，

---

9 同上注，頁 263。

即為虛；也就是能眾納萬物謂之「虛」，不使原有的智識而妨害到未試之事物的吸收學習，所以能眾納萬物。換言之，就是對心之所受，不做先入為主的主觀設限，多方面的吸收，才能全方位衡量而不居於一隅，所謂「不蔽於一曲而闇大理」（同上）

　　壹——「心生而有知，知而有異，異也者，同時兼知之；同時兼知之，兩也；然而有所謂一，不以夫一害此一謂之壹。」這段話表示人的能眾納萬物而知，則所知亦眾，但人能兼知之，然而同時兼知之必會有所矛盾疑惑之處[10]，若凡「觀物有疑，中心不定，則外物不清。吾慮不清，未可定然否也」（同上）所以要專精於壹理，此壹理者即道也，何謂道？荀子於〈性惡篇〉言：「何謂衡，曰道」，又說：「兼陳萬物而中縣衡焉」，故知此道是兼陳萬物後，再從中歸納出的通理，也就是萬物的共通理則。下文言：「精於物者以物物，精於道者兼物物，故君子壹於道而以贊稽物。壹於道則正，以贊稽物則察；以正志行察論，則萬物官矣。」人可以博知多聞，但需要專精壹理，即是「道」，因為人若博知眾物，而從中歸納出一個共通的中心準則，那麼就會有評斷取捨的依據，故不會互相干擾而造成混亂疑惑，即「眾異不得相蔽以亂其倫也」（同上）。

　　靜——「心，臥則夢，偷則自行，使之則謀，故心未嘗不動也；然而有所謂靜，不以夢劇亂知謂之靜。」此言心的

10　《荀子‧解蔽篇》：「心枝則無知，傾則不精，貳則疑惑。以贊稽之，萬物可兼知也。身盡其故則美。類不可兩也，故知者擇一而壹焉。」

思慮是不停的湧動，如睡眠時會作夢，閒暇時會胡思亂想[11]，使用時會就專一思考，所以心是未嘗不動的。人心雖能眾知而專壹於道，但心的思慮又非靜止不動，如果思緒紛亂，就猶如水一般，「微風過之，湛濁動乎下，清明亂於上，則不可以得大形之正也」（同上），就無法看清認明整體真相。若心可以不被夢幻放縱的思緒干擾其認知的功能，就是靜。所以要「導之以理，養之以清，物莫之傾，則足以定是非、決嫌疑矣。」，即專精於壹理，而又能保持心的清明，便能明察萬事萬物具全之理。不至於「小物引之」，便「其正外易，其心內傾，則不足以決麤理矣。」（同上）

綜上所言，試作一簡表列之——

> 虛——不以所已臧害所將受——廣納眾知———博知——大
> 壹——不以夫一害此———兼眾理而專精壹理——精壹——清
> 靜——不以夢劇亂知———盡察眾理—————察全——明

雖說「虛壹而靜，謂之大清明」不過大清明是指狀態而言，虛壹靜卻是功夫論，大清明的境界又是如何呢？〈解蔽篇〉又言：

> 虛壹而靜，謂之大清明。萬物莫形而不見，莫見而不論，莫論而失位。坐於室而見四海，處於今而論久遠。

11　關於「偷則自行」，〔唐〕楊倞注曰：「自行，放縱也……偷則必放縱」，〔清〕王先謙著，《荀子集解》，〈解蔽篇〉，頁 264。

疏觀萬物而知其情，參稽治亂而通其度，經緯天地而
材官萬物，制割大理而宇宙裏矣。恢恢廣廣，孰知其
極？睪睪廣廣，孰知其德？涫涫紛紛，孰知其形？明
參日月，大滿八極，夫是之謂大人。夫惡有蔽矣哉！
（同上）

據楊倞之說，心若大清明「則通於萬物。故有形者無不見，
見則無不能論說，論說則無不得宜」。郝懿行則言「言萬物莫
有形而不顯示於人，莫顯示人而不有倫理，理無不宜而分謂
不失」[12]，二者說法雖然不盡相同，但皆謂大清明之心有無
所不見，無所不精，無所不得之能。因此人的智識能順著道
不為物相所限，亦可貫穿時空的阻隔，貫通情理制度，此時，
不只僅可治五官，甚且能經緯天地、裁任萬物而治理宇宙，
也就是說心能通明而無不達，能使人成為「大人」，也就就是
聖人。

　　所謂的「蔽」可說是一種主觀的偏見，心一但有蔽，則
無法發揮「是之則受，非之則辭」（《荀子・解蔽篇》）的功能，
是非無法判斷，沒有真正的中心價值，甚則受其蒙蔽而不正
亦不自知。若此，則亦不能真正的得知禮義，思索禮義了。
所以要以禮義養心，當先以虛壹而靜的狀態保持大清明之
心，方能得禮義之真。

（二）養心莫善於誠

12　二者之說皆見於〈解蔽篇〉，〔清〕王先謙著，《荀子集解》，頁 265。

　　《荀子・不苟篇》又言：「養心莫善於誠」，則心知禮義之後，還要以誠養之：

> 君子養心莫善於誠，致誠則無它事矣。惟仁之為守，惟義之為行。誠心守仁則形，形則神，神則能化矣。誠心行義則理，理則明，明則能變矣。變化代興，謂之天德。天不言而人推其高焉，地不言而人推其厚焉，四時不言而百姓期焉。夫此有常，以至其誠者也。君子至德，嘿然而喻，未施而親，不怒而威：夫此順命，以慎其獨者也。

　　何謂誠？荀子的說法是「惟仁之為守，惟義之為行」，即專一的守仁行義。我們從談到誠最多的《禮記・中庸第二十章》來看：「誠者，天之道也；誠之者，人之道也。誠者，不勉而中，不思而得，從容中道。聖人也；誠之者，擇善而固執之者也……」，朱熹注曰：「誠者，真實無妄之謂，真理之本然也。」[13]。孟子也說：「誠者，天之道也」（《孟子・離婁上》）。《說文》則言：「誠，信也」[14]。參照來看，可以說「誠」指的是誠實無妄的天道。

　　天道為何誠實無妄呢？荀子對於天的看法大多集中在〈天論篇〉中：

> 天行有常，不為堯存，不為桀亡。

---

13 見《中庸章句》，《四書章句集註》，頁31。
14 《說文解字・說三上》，〔漢〕許慎著，《四部叢刊・經部》，（臺北：台灣商務印書館），頁21。

> 天不為人之惡寒也輟冬，地不為人之惡遼遠也輟廣，
> 君子不為小人之匈匈也輟行。天有常道矣，地有常數
> 矣，君子有常體矣。君子道其常，而小人計其功

荀子認為天是一個不因人事變化的自然體，「不為堯存，不為桀亡」，也「不為人之惡寒也輟冬」，自然有其一定的規律與作用，所謂「列星隨旋，日月遞炤，四時代御，陰陽大化，風雨博施，萬物各得其和以生，各得其養以成，不見其事，而見其功，夫是之謂神。皆知其所以成，莫知其無形，夫是之謂天功。」（同上）就因為天總是自然的呈現出其一定的規律，不因人而異，所以真實；而「星對木鳴」只是「天地之變，陰陽之化，物之罕至者也」，也屬於天變化之常[15]，故天亦無妄。誠實無妄，即為天之道。

天既然不因人事有異，所以人不必求天，一切人事在於人為，所以他主張明人之分：

> 故明於天人之分，則可謂至人矣。（同上）

> 唯聖人為不求知天。（同上）

> 故君子敬其在己者，而不慕其在天者。（同上）

---

15 《荀子・天論篇》:「星隊木鳴，國人皆恐。曰：是何也？曰：無何也！是天地之變，陰陽之化，物之罕至者也。怪之，可也；而畏之，非也。夫日月之有蝕，風雨之不時，怪星之黨見，是無世而不常有之。上明而政平，則是雖並世起，無傷也；上闇而政險，則是雖無一至者，無益也。夫星之隊，木之鳴，是天地之變，陰陽之化，物之罕至者也；怪之，可也；而畏之，非也。」

　　不過要注意的是，荀子雖主張明於天人之分，但並未將天與人一刀切斷，而是以一種更理性的態度去對待天，如他在「天行有常，不為堯存，不為桀亡」所接的下文是「應之以治則吉，應之以亂則凶」，例如：

> 彊本而節用，則天不能貧；養備而動時，則天不能病；脩道而不貳，則天不能禍。故水旱不能使之飢渴，寒暑不能使之疾，祅怪不能使之凶。（同上）

人的作為才是決定人能否不貧、不病、不禍，亦即人的生死禍福吉凶是掌握在人的手中，人在此取得了很大的主動性。但這是要應天而為，水旱、寒暑是天之常，不飢渴、無疾則是人應天而治之功；「應天」就是知天之常而應之。可是荀子不是說：「惟聖人為不知求天」嗎？如此豈不有所矛盾？原來荀子所謂的「不求知天」是「不求知天之所以常」。而「天之常」，如「列星隨旋，日月遞炤，四時代御，陰陽大化，風雨博施」皆是真實無妄的呈現著，人不必求便可知。但這天之常是「不為而成，不求而得」，此為天職，人不能與天爭職，人所能做的就是明白天地變化的自然現象，然後在此基礎上加以運用：

> 天有其時，地有其財，人有其治，夫是之謂能參。（同上）

> 其於天地萬物也，不務說其所以然，而致善用其材。（《荀子·君道篇》）

人對於生命的經營也是如此：

> 聖人清其天君，正其天官，備其天養，順其天政，養
> 其天情，以全其天功。如是，則知其所為，知其所不
> 為矣；則天地官而萬物役矣。其行曲治，其養曲適，
> 其生不傷，夫是之謂知天。（同上）

雖然事在人為，但人卻會有欺詐之心[16]，會有疑惑之時[17]，所
以人還應取法天的真實無妄，如此不會將注意力放在天上，
而是努力去做人所當為；且能本天地真實無妄的常道以盡己
職。尤其，對於道德修養之事，更是自己做起：

> 若夫志意脩，德行厚，知慮明，生於今而志乎古，則
> 是其在我者也。（同上）

　　再回過來看荀子「養心莫善於誠」的論述，從「天不言
而人推其高焉，地不言而人推其厚焉，四時不言而百姓期焉。
夫此有常，以至其誠者也。」的這段話來看，可見荀子的誠
亦是天地自然真實無妄的常道。人要養心，也要真實無妄的
為其所當為――「惟仁之為守，惟義之為行」。楊倞於此注曰：

---

16 如《荀子・王霸篇》：「挈國以呼功利，不務張其義，齊其信，唯利之
　求，內則不憚詐其民而求小利焉，外則不憚詐其與而求大利焉，內不
　脩正其所以有，然常欲人之有。如是，則臣下百姓莫不以詐心待其上
　矣。上詐其下，下詐其上，則是上下析也。」
17 如《荀子・解蔽篇》：「夏首之南有人焉；曰涓蜀梁。其為人也，愚而
　善畏。明月而宵行，俯見其影，以為伏鬼也；仰視其髮，以為立魅也。
　背而走，比至其家，失氣而死。豈不哀哉！凡人之有鬼也，必以其感
　忽之間，疑玄之時定之」

「致其誠在仁義」[18]。誠心守仁，則仁入於心而形於外，自有一番仁人的氣象，人因之見而受其感化；誠心行義，義理乃明，「則事有條理，明而易，人不敢欺，故能改變其惡」[19]。也就是說只要吾人誠心守仁、誠心行義，那麼人能知禮義道德外，又能真實無妄，專心一志的持守道德，則道德自在人心而能變化於人。

（三）以禮養心治氣

以虛壹而靜來使心保持大清明的狀態，是為了要能使心不受蒙蔽，不偏執一隅，則心能博通萬物而有統類，即有真知。不過作為人體器官的心，自然無法脫離生理血氣與心理的意志。

荀子在〈修身篇〉提到「治氣養生」與「治氣養心」這兩個詞彙，看似非常類似，但其實二者不同，他認為「以治氣養生，則後彭祖；以修身自強，則配堯禹」，言下之意顯然認為以「修身自強」要比「以治氣養生」來得有成就的多。根據「凡治氣養心之術，莫徑由禮，莫要得師，莫神一好．夫是之謂治氣養心之術也」的說法，要以道德項目的禮來治氣養心，事實上也就是一種以道德修身之道。而彭祖的「治氣養生」是以「吹呴呼吸，吐故納新，熊經鳥申」的導引之術，達到為壽的目的[20]，無有道德在其中，所以「治氣養生」

18　〔清〕王先謙：《荀子集解》，〈不苟篇〉，頁 28。
19　此為楊倞之注，出處同上。
20　見《莊子・刻意》：「吹呴呼吸，吐故納新，熊經鳥申，為壽而已矣；此道引之士，養形之人，彭祖壽考者之所好也。」

是一種養形之術；而「治氣養心」即為養心修身之道，不過二者都需要治氣。因為氣是人的組合元素，不管心或生（形）都是由氣所成的說法，在戰國時代已是很普遍的概念。

荀子的「氣」為物質共同的基本現象，《荀子‧王制篇》談到：「水火有氣而無生，草木有生而無知，禽獸有知而無義，人有氣、有生、有知，亦且有義，故最為天下貴也」，無生命的水火有水氣火氣，有生命的草木、禽獸、人皆有氣息之氣。但草木與禽獸、人的差異在於「有知」，亦即禽獸與人皆有「知」，惟二者的「知」並不完全相同，人的知可以「知物」、「知事」的「徵知」外，還能「知義」、「知道」，故是具有道德意涵的理智之知。

在《荀子》一書中，與氣相聯的名詞用語[21]如「氣色」[22]、「血氣」[23]、「爭氣」[24]「邪汙之氣」[25]、「辭氣」[26]，就以血

---

21 至於另有〈樂論篇〉：「凡姦聲感人而逆氣應之，逆氣成象而亂生焉；正聲感人而順氣應之，順氣成象而治生焉．唱和有應，善惡相象，故君子慎其所去就也」的「逆氣」、「順氣」；〈解蔽〉：「背而走，比至其家，失氣而死．豈不哀哉」的「失氣」，皆是指對於氣的行動而言。

22 見〈勸學篇〉：「不觀氣色而言，謂瞽。」

23 見〈修身篇〉：「凡用血氣、志意、知慮，由禮則治通，」「血氣剛強，則柔之以調和」、「安燕而血氣不惰，勞　而容貌不枯，怒不過奪，喜不過予．君子貧窮而志廣，隆仁也；富貴而體恭，殺埶也；安燕而血氣不衰，柬理也；勞　而容貌不枯，好交也；怒不過奪，喜不過予，是法勝私也」。又見〈非相篇〉：「今世俗之亂君，鄉曲之儇子，莫不美麗姚冶，奇衣婦飾，血氣態度擬於女子」。又見〈君道篇〉：「是故窮則必有名，達則必有功，仁厚兼覆天下而不閔，明達用天地理萬變而不疑，血氣和平，志意廣大，行義塞於天地之間，仁智之極也．夫是之謂聖人；審之禮也」。又〈正論篇〉：「血氣筋力則有衰，若夫智慮取舍則無衰」。又〈禮論篇〉：「有血氣之屬必有知」、「故有血氣之屬莫知於人」。又〈樂論篇〉：「故樂行而志清，禮脩而行成，耳目聰

氣為最常出現，其「治氣」就是針對血氣來說的：

> 血氣剛強，則柔之以調和（《荀子・修身篇》）

這句話也就是說：「血氣剛強，則以禮柔之以調和」，所以荀子所主張的「治氣」是透過「禮」來調和血氣，較諸孔子所言：「君子有三戒：少之時，血氣未定，戒之在色；及其壯也，血氣方剛，戒之在鬥；及其老也，血氣既衰，戒之在得」（《論語・季氏第十六》）有更進一步的發展，因為孔子的「戒」，是一預警示的規範；而荀子則是「調」，積極將氣的「剛強」轉化為「柔和」。

　　誠如楊儒賓先生所說：「在荀子的系統中，修行的關鍵在於「心」，他說的心是「虛一而靜」的大清明心。性屬於自然，形氣則是性的部分。」[27]荀子的治氣為的是要養心，因為有「心知」，人才能得以能夠「知道」，心是人體中唯一能夠「知道」的部分：

> 夫何以知？曰：心知道然後可道，可道然後能守道以禁非道。以其可道之心取人，則合於道人而不合於不

明，血氣和平，移風易俗，天下皆寧」。又〈賦篇〉：「血氣之精也，志意之榮也……知。」

24　見〈勸學篇〉：「有爭氣者，勿與辯也。」

25　見〈樂論篇〉：「使夫邪污之氣無由得接焉，是先王立樂之方也，而墨子非之奈何！」

26　見〈大略篇〉：「・故其行效，其立效，其置顏色、出辭氣效。」

27，楊儒賓著：《儒家身體觀》，（臺北：中央研究院中國文哲研究所籌備處，1996年），〈儒家身體觀的原型〉，頁74。

> 道之人矣。以其可道之心與道人論非道，治之要也。
> 何患不知？故治之要在於知道。(《荀子‧解蔽篇》)

人之所以能「治」，就在於「以其可道之心與道人論非道」，
而血氣、志意是會影響到心知的：

> 夫先王惡其亂也，故制雅頌之聲以道之，使其聲足以
> 樂而不流，使其文足以辨而不諰，使其曲直繁省廉肉
> 節奏，足以感動人之善心，使夫邪污之氣無由得接焉．
> (《荀子‧樂論篇》)

> 血氣之精也，志意之榮也，百姓待之而後寧也，天下
> 待之而後平也，明達純粹而無疵也，夫是之謂君子之
> 知——知。《荀子‧賦篇》

第一則引文雖是言樂對心的感化，但卻可以由「足以感動人
之善心，使夫邪污之氣無由得接焉」這句話得知心與氣有所
相接。第二則說明了理智之「知」是血氣之精，志意之榮，
而理智之知是由心本能之知有所合而來的[28]。

　　關於血氣的生理變化狀況，荀子所言並不多，只有提到
三種，除了前面《荀子‧修身篇》提到的「血氣剛強，則柔
之以調和」；還有《荀子‧正論篇》的「血氣筋力則有衰，若
夫智慮取舍則無衰」；以及《荀子‧樂論篇》：「故樂行而志清，
禮脩而行成，耳目聰明，血氣和平，移風易俗，天下皆寧，

28　《荀子‧正名篇》：「所以知之在人者謂之知；知有所合謂之智」。

美善相樂。」由此知荀子所言之血氣，有剛強、衰竭、平和之時。參照前面所引的孔子三戒，所說的「及其壯也，血氣方剛，戒之在鬥」，壯年之時，血氣處於方剛的狀態，血氣方剛則容易與人鬥。又據「及其老也，血氣既衰，戒之在得」，知年老之時，血氣處於衰竭的狀態，人容易貪得，可知血氣剛強或衰竭都不好。但血氣平和就不同了：

> 君子以鐘鼓道志，以琴瑟樂心……故樂行而志清，禮脩而行成，耳目聰明，血氣和平，移風易俗，天下皆寧，美善相樂。（《荀子・樂論篇》）

> 故君子之於禮，敬而安之；其於事也，徑而不失；其於人也，寡怨寬裕而無阿；……仁厚兼覆天下而不閔，明達用天地理萬變而不疑，血氣和平，耳目聰明，行義塞於天地之間，仁知之極也。（《荀子・君道篇》）

血氣平和雖與老少的生理時期無關，而是與人格（君子）有關。但反映到人的生理就是代表人的生理也是平和的，則屬於生理的心亦然，世人也常說「心平氣和」，生理上的情緒反映自然就不會影響到心知的能力了。故當血氣精純無雜情性時，志意也全然無私，那麼心便能發揮最平正的「知」以「知道」。

（四）音樂導化人心

　　音樂與人心也有很密切的關係，《論語・憲問第十四》就有一段相關的記載：

子擊磬於衛，有荷蕢而過孔氏之門者，曰：「有心哉，擊磬乎！」既而曰：「鄙哉·硜硜乎！莫己知也，斯已而已矣。深則厲，淺則揭…」

荷蕢者未見孔子本人，但憑孔子擊磬的聲音便知道孔子的有濟世之心，又從中判斷出孔子的心志的固執，真可謂聽聲辨心。由此說來，音樂可以說是人心顯於聲音者。如《禮記·樂記》就言：「凡音之起，由人心生也。人心之動，物使之然也。感於物而動，故形於聲。聲相應，故生變；變成方，謂之音；比音而樂之，及干戚羽旄，謂之樂。」又言：「凡音者，生人心者也。情動於中，故形於聲。聲成文，謂之音」

荀子很重視樂教，《荀子》一書中特列《樂論篇》，所有關於樂的論述也幾乎集中於此，首先他從人情的角度來說明音樂的起源：

夫樂者、樂也，人情之所必不免也。故人不能無樂，樂則必發於聲音，形於動靜；而人之道，聲音動靜，性術之變盡是矣。

人情就是天情，即「好惡喜怒哀樂」[29]，他認為音樂就是表現人情中的「樂」。當有「樂」的人情產生時，是透過「聲音」、「動靜」來表達的，所以人必有人情，則音樂亦人所不能免，

---

29 見〈天論篇〉：「天職既立，天功既成，形具而神生，好惡喜怒哀樂臧焉，夫是之謂天情。」

所以對於墨子的「非樂」非常不認同[30]。事實上包括所有的人情都是透過聲音、動靜來表達的，前文已談到人情必須要有所宣導規範，而禮就是規範動靜；樂就是宣導聲音。

> 故人不能不樂，樂則不能無形，形而不為道，則不能無亂。先王惡其亂也，故制雅頌之聲以道之，使其聲足以樂而不流，使其文足以辨而不諰，使其曲直繁省廉肉節奏，足以感動人之善心，使夫邪污之氣無由得接焉。

　　荀子在此提到為防止樂無節制無方向的宣洩，所以先王乃制定雅頌之聲以導之。雅頌之音的功效有多大呢？可以使其聲音和樂而不淫放，使其文辭論而不息[31]，使其旋律節奏能感動人的善心，使協污之氣不能接近。而「感動人之善心」是荀子多所強調之處：

> 樂者，聖王之所樂也，而可以善民心，其感人深，其移風易俗。

> 正聲感人而順氣應之，順氣成象而治生焉

---

30 在〈樂論篇〉中多次提到「墨子非之」，可見其對樂論是針對墨子的非樂而來。如「是先王立樂之方也，而墨子非之奈何！」、「是先王立樂之術也，而墨子非之奈何！」、「先王之道，禮樂正其盛者也。而墨子非之」、「故樂也者，治人之盛者也，而墨子非之。」、「窮本極變，樂之情也；著誠去偽，禮之經也。墨子非之，幾遇刑也」。

31 《禮記・樂記》：「先王恥其亂，故制雅頌之聲以道之，使其聲足樂而不流，使其文足論而不息，使其曲直、繁瘠、廉肉、節奏足以感動人之善心而已矣，不使放心邪氣得接焉；是先王立樂之方也。」

夫聲樂之入人也深，其化人也速，故先王謹為之文。

音樂是起於人情，表達人情，所以容易使人心生感應，故「正聲感人則順氣應之，順氣成象而治生焉」，如「紳、端、章甫，舞韶歌武，使人之心莊」；同樣的，「姦聲感人而逆氣應之，逆氣成象而亂生焉」，如「鄭衛之音，使人之心淫」，此即「唱和有應，善惡相象」，所以樂的正邪很重要，人要謹慎的選擇音樂的道理就在於此。

對於個人是感人心，對於群體社會就是移風易俗，所謂「樂中平則民和而不流，樂肅莊則民齊而不亂」。正樂最大的特點就是「合和」，如：

樂之中和也（《荀子・勸學篇》）

為之鐘鼓、管磬、琴瑟、竽笙，使足以辨吉凶、合歡、定和而已，不求其餘。（《荀子・富國篇》）

恭敬、禮也；調和、樂也。（《荀子・臣道篇》）

樂也者，和之不可變者也。（《荀子・樂論篇》）

樂合同，禮別異。（同上）

就因為樂的合和，所以「故樂在宗廟之中，君臣上下同聽之，則莫不和敬；閨門之內，父子兄弟同聽之，則莫不和親；鄉里族長之中，長少同聽之，則莫不和順。故樂者，審一以定和者也。」

　　音樂一方面宣達人情，一方面能感人善心，使人情受到善心的導引，即以善道來導引人情，則人情之出能得其所當出，故不會抑鬱於內；更不會放蕩於外，人的生命便會呈現和諧清明的狀態。所以荀子說：「故樂行而志清，禮脩而行成，耳目聰明，血氣和平，移風易俗，天下皆寧。」總之，音樂能陶冶人的性情，感化人心，移風易俗，所以要使心保持平和的狀態，社會詳寧和諧，不能忽略音樂的重要性。

第二節　化性起偽之方

　　荀子主性惡，順性為則亂，雖然性不可去，但可以化，所以他力主化性起偽，一能使人從善而行，故不因妄為而傷身害；再者人人為善，則群生無有爭亂，便能安居樂業。但要如何才能作到化性起偽呢？人若化性起偽便是君子人，我們可以從如何為君子看起：

> 今人之性惡，必將待師法然後正，得禮義然後治。今人無師法，則偏險而不正；無禮義，則悖亂而不治。古者聖王以人之性惡，以為偏險而不正，悖亂而不治，是以為之起禮義、制法度，以矯飾人之情性而正之，以擾化人之情性而導之也。始皆出於治、合於道者也。今人之化師法、積文學、道禮義者為君子；縱性情、安恣睢而違禮義者為小人。（《荀子・性惡篇》）

由上可知化師法、積文學、道禮義就是使人化性起偽之方。道禮義就是導禮義，即以禮義導之，禮義對於人性的導引作用，我們以在上文提過，此處不另再述；倒是積文學與化師法是使人能知禮義與得禮義的外在功夫，也就是說需透過積文學與化師法才能使平和的大清明之心去得知禮義，故以積文學與化師法重點。但因為要有學才有師，所以先談積文學再論化師法。

一、積文學

禮義雖為人成善的關鍵，但荀子認為「人無禮義，不知禮義」（《荀子‧性惡篇》），那麼想要求善必然導致向外尋求：

> 今人之性，固無禮義，故彊學而求有之也；性不知禮義，故思慮而求知之也。（同上）

關於「思慮以求知」的部份已於前面討論過了，此處要談的是「彊學而求有之」的這方面。儒家皆非常重視教育學習，尤其荀子更說：「吾嘗終日而思，不如須臾之所學也」（《荀子‧勸學篇》），將「學」置於「思」之上。因為順性為惡是人之所同，但教化可使之異，例如「干、越、夷、貉之子，生而同聲，長而異俗，教使之然也。」（同上）可見學習對於人性教化的重要。同時也認為學能使「知」與「行」達到「明」與「無過」的境界，所謂「君子博學而日參省乎己，則知明而行無過矣」（同上），故知「學」還要配合「反省」。所以懂得如何「學」與「反省」，亦是使人化性起偽的重要功夫。

　　荀子說「見善，修然必以自存也；見不善，愀然必以自省也。善在身，介然必以自好也；不善在身，菑然必以自惡也。」(《荀子・修身篇》)，有了對於不善的反省，才能進一步去尋求如何為善，所以反省是人學習的動力。荀子首先從所學的內容與修養層次來說明「學」的終始，《荀子・勸學篇》：

> 學惡乎始？惡乎終？曰：其數則始乎誦經，終乎讀禮；其義則始乎為士，終乎為聖人。真積力久則入。學至乎沒而後止也。故學數有終，若其義則不可須臾舍也。為之，人也，舍之，禽獸也。故書者，政事之紀也；詩者，中聲之所止也；禮者，法之大分，類之綱紀也。故學至乎禮而止矣。夫是之謂道德之極。禮之敬文也，樂之中和也，詩書之博也，春秋之微也，在天地之間者畢矣。

為學所習的術藝內容是由誦讀詩書等經書開始，到修習典禮之屬[32]的禮儀為止。經書包括詩、書、禮、春秋，實際上就是儒家六藝經典，範圍極廣，故謂「博學」。為學之意在於修身，其層次從修為「士」開始，至「聖人」為止。也就是說為學透過對於經書典禮的誦習，最基本的目標要作為一個「士」，最終極的目標則是希望能「成聖」。所謂活到老學到老，人生就是不斷學習的過程，要由「士」到「聖人」必須

---

32 據〔唐〕楊倞之注：「禮謂典禮之屬也」，〔清〕王先謙著：《荀子集解》，〈勸學篇〉，頁7。

要真誠力行,持久不退的學習,即使術藝有學習終了的時候;
為學的意義卻是不能須臾捨之。

　　此處要特別注意「真積力久則入」這句話,所謂「入」
是很有涵義的,言雖然學是由外求之,但所學卻是要為了學
得禮義以化性,若不能將所學內化於人格之中,則終究自外
於性,《荀子‧禮論篇》說:

> 性者、本始材朴也;偽者、文理隆盛也。無性則偽之
> 無所加,無偽則性不能自美。性偽合,然後成聖人之
> 名一,天下之功於是就也。

要成為聖人就必須性偽合,即身體自然的由禮義行而非行禮
義[33],孟子言仁義道德之端本在人心,故由心而發即由仁義
行。而荀子雖然主張禮義道德在人心之外,可是若一但箸乎
心,則亦在於心裡,身隨心行,故身體所為自然有禮義於其
中,這才是一言一行皆能為能法則的聖人,所以《荀子‧勸
學篇》又言:

> 君子之學也,入乎耳,箸乎心,布乎四體,形乎動靜。
> 端而言,蠕而動,一可以為法則。小人之學也,入乎
> 耳,出乎口;口耳之間,則四寸耳,曷足以美七尺之
> 軀哉!古之學者為己,今之學者為人。君子之學也,

33　此處借用《孟子‧離婁下》所言:「舜明於庶物,察於人倫,由仁義
　　行,非行仁義也 」,孟子言仁義道德之端本在人心,故由心而發即由
　　仁義行。而荀子雖然主張禮義道德在人心之外,可是若一但箸乎心,
　　則亦在於心裡,身隨心行,故身體所為自然有禮義於其中。

以美其身；小人之學也，以為禽犢。

君子之學是為修養自己，美化自身心性；小人之學是為了追求功名利祿，顯耀於他人，相較之下，人格高低立見。君子之學既是為修養自身心性，故所學要入乎耳而箸乎心，存於心中才能時時涵養自心，然後融入於心。人原是隨心的發號令而動的，則禮義之「心」所發之「令」自然不離禮義，禮義隨令流佈於四體，則身所為亦為禮義，此即所謂的「入乎耳，箸乎心，布乎四體，形乎動靜」。這與孟子的「君子所性，仁義禮智根於心；其生色也，睟然見於面，盎於背，施於四體，四體不言而喻」(《孟子・盡心上》)實有異曲同工之妙。

但道德善性若屬本體即有，只要充分的展現便能外顯於體；而荀子認為外在的禮義，要如何才能存於心呢？《荀子・性惡篇》言：

> 今使塗之人伏術為學，專心一志，思索孰察，加日縣久，積善而不息，則通於神明，參於天地矣。故聖人者，人之所積而致矣。

首先要事道為學，專心一志，還要深思孰慮的咀嚼，然後累日長久的積累善行，即《荀子・勸學篇》所言：「故誦數以貫之，思索以通之，為其人以處之，除其害者以持養之」。一旦習慣成自然，禮義也就成為人的一部份，達到「行禮要節而安之，若生四枝」(《荀子・儒效篇》)的境界，安於禮節就像是身體之生四肢般的自然；禮義之於身體此時就如人「目好

之五色，耳好之五聲，口好之五味，心利之有天下」的天官之於人一樣。所以「使目非是無欲見也，使口非是無欲言也，使心非是無欲慮也。」(《荀子・勸學篇》)，惡乃無所生。相反的，禮義若不入吾身，則性為性，偽是偽，縱然行善，但一但順性而為，還是不免於惡。

　　人可以堯舜，但人卻非堯舜，原因在於「肯」，即「可以而不可使也」(《荀子・性惡篇》)

> 曰：可以而不可使也。故小人可以為君子，而不肯為君子；君子可以為小人，而不肯為小人。小人君子者，未嘗不可以相為也，然而不相為者，可以而不可使也。故塗之人可以為禹，則然；塗之人能為禹，則未必然也。雖不能為禹，無害可以為禹。足可以　行天下，然而未嘗有　行天下者也。夫工匠農賈，未嘗不可以相為事也，然而未嘗能相為事也。用此觀之，然則可以為，未必能也；雖不能，無害可以為。然則能不能之與可不可，其不同遠矣，其不可以相為明矣。

也許有人生來卑賤、愚昧、貧窮，都無害於人成為聖人，只要肯由學習禮義做起，便能為「士」；能夠勤勉的行禮義，就是君子；能夠貫通禮義者，即是聖人。此即《荀子・儒效篇》所言：

> 我欲賤而貴，愚而智，貧而富，可乎？曰：其唯學乎！彼學者，行之，曰士也；敦慕焉，君子也；知之，聖

人也。上為聖人，下為士君子，孰禁我哉！

二、師法之化

學習還重環境的影響，除透過人與人之間互動而彼此相影響外；人在社會中也會受到其風俗的影響，孟母三遷的故事就是很好的例子。荀子強調人應學習禮義道德成為人格高尚的人，但有心學習固然重要，若是沒有一個良好的環境，學習的效果會打折的：

> 蓬生麻中，不扶而直；白沙在涅，與之俱黑。蘭槐之根是為芷，其漸之滫，君子不近，庶人不服；其質非不美也，所漸者然也。故君子居必擇鄉，遊必就士，所以防邪僻而近中正也。（《荀子·勸學篇》）

所謂「居必擇鄉」指的就是環境，孔子曾說：「里仁為美·擇不處仁，焉得知？」（《論語·里仁第四》），他以對居所的選擇來看其人的明智與否，可知外在環境的重要。「遊必就士」指的是人，主要是師友，賢師能教以堯、舜、禹、湯之道；良友能示以忠信敬讓之行，如此所聞所見皆為良善，自然人就漸漸受其感化而為善了。若據世人常說的「近朱者赤，近墨者黑」，也可改為「近惡則惡，近善則善」。

但這個環境實際上也可包括人而言：

> 夫人雖有性質美而心辯知，必將求賢師而事之，擇良友而友之。得賢師而事之，則所聞者堯、舜、禹、湯

之道也；得良友而友之，則所見者忠信敬讓之行也。身日進於仁義而不自知也者，靡使然也。今與不善人處，則所聞者欺誣詐偽也，所見者汙漫淫邪貪利之行也；身且加於刑戮而不自知者，靡使然也。(《荀子‧性惡篇》)

這裡提到了賢師與良友，良友固然不可缺，但賢師則更為重要。因為學習必定有內容，才能有所學而習，但之所以要學習，也必是因有所不足才學習，所以自身所學上未能自行把握目標、重點、方向，因之需要一個可以作為模範，能帶領走入學習殿堂的人，那就是人師。荀子說：

學莫便乎近其人。禮樂法而不說，詩書故而不切，春秋約而不速。方其人之習君子之說，則尊以偏矣，周於世矣。故曰：學莫便乎近其人。(《荀子‧勸學篇》)

荀子很重視師法，《荀子‧修身篇》云：

禮者，所以正身也；師者，所以正禮也。無禮何以正身？無師吾安知禮之為是也？禮然而然，則是情安禮也；師云而云，則是知若師也。情安禮，知若師，則是聖人也。故非禮，是無法也；非師，是無師也。不是師法而好自用，譬之是猶以盲辨色，以聾辨聲也，舍亂妄無為也。故學也者，禮法也。夫師以身為正儀，而貴自安者也。《詩》云：「不識不知，順帝之則。」此之謂也。

「法」指禮法，故曰：「非禮，是無法也」，「師」指人師，人師以自身所展現的禮法作為端正的儀範，亦即人師的身體就是禮法的顯現，是自然而然的安於禮法；不是由禮法來規範其身體，所以我們可以從人師的身教中得到禮法的最高典範，故言：「無師吾安知禮之為是也」，沒有人師的教化，就有如盲目、聾耳之人，無從得知真正的禮法，便會偏亂不正，所謂：「今人無師法，則偏險而不正（《荀子・性惡篇》）」，例如：

> 故人無師無法而知，則必為盜；勇，則必為賊；云能，則必為亂；察，則必為怪；辯，則必為誕。人有師有法而知，則速通；勇，則速威；云能，則速成；察，則速盡；辯，則速論。故有師法者，人之大寶也；無師法者，人之大殃也。（《荀子・儒效篇》）

人無人師，則知必盜、勇必賊、能必亂、察必怪、辯必誕，說明了沒有師法的指導，人容易所學非正而入於歧途；反之，人有人師，則知速通、勇速威、能速成，察速盡、辯速論，不但使知識行為言行舉止合於正，此處要注意「速」的涵義，就是使人快速的進入狀況，總之，就是學得正亦學得快。

　　孔子說：「溫故而知新，可以為師矣」（《論語・為政第二》），人師也是在故有經驗知識積累的基礎上，去融會貫通而獲得更能符合萬物法則的新知，所以荀子乃言：「而師法者，所得乎積，非所受乎性，性不足以獨立而治。」（《荀子・儒效篇》）。故積之厚的聖人必是人師，《孟子・盡心下》就言：

「聖人，百世之師也」。但聖人畢竟不多，可是透過賢師所學的聖人之道而加以學習，則亦等同於聖人為我師了。此即前面所引：「得賢師而事之，則所聞者堯、舜、禹、湯之道也……身日進於仁義而不自知也者，……」（《荀子・性惡篇》），所以有了賢師，則能學聖王之道而身日近於仁義。

第三節　形體與群體生命的養生之道

一、形體生命的護養：節欲與動時

關於荀子形體的養生之道，其原則就是對於人的生理需求給予基本的供養，但不使之太過，要是「人苟生之為見，若者必死；苟利之為見，若者必害；苟怠惰偷儒之為安，若者必危；苟情說之為樂，若者必滅。」（《荀子・禮論篇》），所以要避免「欲養其性而危其形」（《荀子・正名篇》）的情形。對於「飢而欲食，寒而欲煖，勞而欲息，好利而惡害」的基本要求是必須的，但卻強調以道德來調配人欲和物源的供需，即「制禮義以分之，以養人之欲，給人之求」（《荀子・禮論篇》）。他更將禮提高為人生活的總則，所以一切生活言行舉止皆須接受禮義的規範。如此，人能保持心境的平樂，就能跳脫物慾的牽扯，所以對物質的需求也就降低：

> 心平愉，則色不及傭而可以養目，聲不及傭而可以養耳，蔬食菜羹而可以養口，麤布之衣、麤紃之履而可

> 以養體，局室、蘆簾、稿蓐、尚机筵而可以養形。故
> 無萬物之美而可以養樂，無埶列之位而可以養名。如
> 是而加天下焉，其為天下多，其和樂少矣。夫是之謂
> 重己役物。

因為容易滿足，心境又清朗，白然人的壽命也就能不受到損
耗，禮義道德是人得以壽的關鍵：

> 安利者常樂易，危害者常憂險；樂易者常壽長，憂險
> 者常夭折：是安危利害之常體也。《荀子・榮辱篇》

> 生者以壽，死者以葬……禮《荀子・賦篇》

　　荀子關於養形體生命的主張中，「養備而動時，則天不能
病」是最貼近一般養形者的說法。楊倞注曰：「養備謂使人衣
食足，動時謂人勤力不失其時，亦不使勞苦也。養生既備，
動作以時，則疾疹不作也」[34]。此處表現了荀子制天命而用
之的積極性：

> 大天而思之，孰與物畜而制之！從天而頌之，孰與制
> 天命而用之！望時而待之，孰與應時而使之！因物而
> 多之，孰與騁能而化之！思物而物之，孰與理物而勿
> 失之也！願於物之所以生，孰與有物之所以成！故錯
> 人而思天，則失萬物之情。（《荀子・天論篇》）

34　〔清〕王先謙著，《荀子集解》，〈天論篇〉，頁204。

所謂「養備而動時」就是屬於「望時而待之，孰與應時而使之」的做法。相較於「死生有命，富貴在天」（《論語·顏淵第十二》）的說法，這種「制天命而用之」的精神，更能突顯人在養生中居於主動的地位。

二、群生的給養：裕民與教民

一如以天下為己任的孟子，荀子也有一套治國養民之方，而且也特別注意屬於群生的給養方面，因為「不富無以養民情，不教無以理民性。」（《荀子·大略篇》），而「民惟邦本，本固邦寧」（《尚書·夏書·五子之歌》），「愛民者強，不愛民者弱」（《荀子·議兵篇》），故要國治君安，就要富民、教民。另一方面來說，「下貧則上貧，下富則上富」（《荀子·富國篇》），民若富足，國亦富足。足國與富民是一體兩面之事。

（一）節用裕民

對於維持生活條件的方法，可從兩個方面進行，一為開源；一為節用，即《荀子·天論》所說的：「彊本而節用，則天不能貧」。《荀子·富國篇》中有更詳細的說明：

> 足國之道，節用裕民，而善臧其餘。節用以禮，裕民以政。彼裕民，故多餘。

要使國家富足之道，在於節用裕民，具體上包括兩個部份，即以禮節用，以政欲民。以禮節用的重點在於禮的分制，因為財物資源畢竟有限，故要做妥善的分配，根據每個人的長

幼貴賤貧富尊卑階等而定其所用的標準，例如：「天子袾裷衣
冕，諸侯玄裷衣冕，大夫裨冕，士皮弁服」，就是從社會階層
來訂定服飾的標準，因為有標準，所以人只能用其所可用，
無形當中也限制了用的額度。至於百姓也要「皆使衣食百用
出入相揜，必時臧餘」（同上），亦即衣食日用能夠出入相稱，
又能時時有節餘藏存。

另外，裕民以政指的是以政令來達到裕民的目的，即「輕
田野之賦，平關市之征，省商賈之數，罕興力役，無奪農時，
如是則國富矣。夫是之謂以政裕民。」（同上）。此為他針對
當時「厚刀布之斂，以奪之財；重田野之賦，以奪之食；苛
關市之征，以難其事。」（《荀子・富國篇》）的情況所提出，
《荀子・王制篇》中也說到：

> 田野什一，關市幾而不征，山林澤梁，以時禁發而不
> 稅。相地而衰政。理道之遠近而致貢。通流財物粟米，
> 無有滯留，使相歸移也，四海之內若一家。故近者不
> 隱其能，遠者不疾其勞，無幽閒隱僻之國，莫不趨使
> 而安樂之。

在「輕田野之賦」此項，荀子與孟子一樣主張「什一」的稅
制[35]。而「平關市之征」，指「關市幾而不征」，也就是「但

35　《孟子・滕文公上》：「請野九一而助，國中什一使自賦。」「夏后氏
　　五十而貢，殷人七十而助，周人百畝而徹。其實皆什一也。徹者徹也，
　　助者藉也」。

呵察姦人而不征稅」[36]又如「無奪農時」代表長養萬物要得
其時，所謂「草木榮華滋碩之時，則斧斤不入山林，不夭其
生，不絕其長也。黿鼉魚鱉？鱣孕別之時，罔罟毒藥不入澤，
不夭其生，不絕其長也。春耕、夏耘、秋收、冬藏，四者不
失時，故五穀不絕，而百姓有餘食也。汙池淵沼川澤，謹其
時禁，故魚鱉優多，而百姓有餘用也。斬伐養長不失其時，
故山林不童，而百姓有餘材也。」（同上）

　　財貨的流通就是貨暢其流，不但能互通有無，也能使財
物的價值達到就大的利用，如「北海則有走馬吠犬焉，然而
中國得而畜使之。南海則有羽翮、齒革、曾青、丹干焉，然
而中國得而財之。東海則有紫紶、魚鹽焉，然而中國得而衣
食之。西海則有　皮革、文旄焉，然而中國得而用之。故澤
人足乎木，山人足乎魚，農夫不斵削、不陶冶而足械用，工
賈不耕田而足菽粟。故虎豹為猛矣，然君子剝而用之。」因
為物能盡其用，貨能暢其流，所以人人得以安養，此即「天
之所覆，地之所載，莫不盡其美，致其用，上以飾賢良，下
以養百姓而安樂之。」（同上）

（二）教以養民性

　　荀子對於教育的重視與內容在前文已提過，在此不多贅
述。不過前面談到的「博學」是針對個人的修養教育，這裡

---

36 此為〔唐〕楊倞之注，〔清〕王先謙著，《荀子集解》，〈王制篇〉，頁
　　102。

要討論的是「王事」，也就是上位者對於人民的教化。[37]

> **不教無以理民性…立大學，設庠序，修六禮，明七教，**
> **所以道之也。**

荀子並沒有說明所謂六禮、七教為何，但《禮記・王制》有「司徒脩六禮以節民性，明七教以興民德」之文。《十三經注疏》正義曰：「六禮謂冠一昏二喪三祭四鄉五相見六性」，又言：「七教即父子一兄弟二夫婦三君臣四長幼五朋友六賓客七也」[38]，二者屬於人倫生活的禮儀規範。

　　對群體社會而言，維持群生生活的持續與運作，固然是必要的基本；但人之性惡，若不教化人民，則民順其性所為，惡乃因之而生，將陷入爭奪詐欺貪婪的群體環境中，那麼群生依然無法有好的生活品質。況且並非所有的人都能「見不善，愀然必以自省」（《荀子・修身篇》），這時在位者對於群生的教化便很重要，因此荀子主張要「立大學，設庠序」，教以人倫生活禮儀規範，導引民性能知所進退，行止有序。則人人能得其所而不亂，群體環境也因之和諧有禮，群生自能安居樂業。

---

37 《荀子・大略篇》：「《詩》曰：『飲之食之，教之誨之』王事具矣。」
38 《禮記正義》，卷一三，〈王制〉，頁 1342。

第四章　荀子養生論的特色

　　本章從與養生有關的命題來討論荀子養生論的特點，包括天人觀、身體觀、生死觀、動靜觀以及修養論。天人觀關乎養生的主導性，身體觀關乎養生所重的實際範圍，生死觀關乎養生的境界，動靜觀關乎著養生的方向，而儒家的養生既然是屬於道德養生，所以對於道德修養的討論自然是本文的重點，故本文便從這五大方面來論述。

第一節　天生人成的天人觀

　　天人觀指的就是天與人的關係。天與人有何關聯？人又如何看待天，事實上談的仍然是人的問題。張岱年先生在《中國哲學範疇集》一書中談到「天」時說：「"天"是中國古代哲學的一個重要觀念。上古時代所謂"天"，本有兩重意義：一指有人格的上帝，一指與地相對的天空。上古時代的宗教思想以為天是有意志的，是世界的最高主宰。」[1]有

1　張岱年著，《中國哲學範疇集》（北京：人民出版社，1985），〈釋「天」、「道」、「氣」、「理」、「則」〉，頁97。

人格的上帝，表示著天有其發號施令的意志，這也是天命觀的基礎。

荀子的天人觀與孔孟最大的差異在於對天的看法不同，孔孟雖然也講天的自然義，但他們對天的態度卻是由天的人格神義而來，而荀子對於天的看法則完全是從自然義來說的，並且由此引出天人之分的概念：

> 天能生物，不能辨物也，地能載人，不能治人也；宇
> 中萬物生人之屬，待聖人然後分也。（《荀子‧禮論
> 篇》）

此處天無意志，且和地的不能治人並舉，天與地代表著無意志的自然。宇宙中能使辨治人的，只有屬於人的聖人。天地自然不能辨治人，也不會受人的影響：

> 天行有常，不為堯存，不為桀亡。（《荀子‧天論篇》）
> 天不為人之惡寒也輟冬，地不為人之惡遼遠也輟廣，
> 君子不為小人之匈匈也輟行。天有常道矣，地有常數
> 矣，君子有常體矣。君子道其常，而小人計其功。
> 《詩》曰：「禮義之不愆，何恤人之言兮！」此之謂
> 也。（同上）

天的運行有其常道，如「列星隨旋，日月遞炤，四時代御，陰陽大化，風雨博施，萬物各得其和以生，各得其養以成」（同上），都是在「皆知其所以成，莫知其無形」（同上），亦即人無法得知其究的狀態下進行；同時不因有德之

堯而存，亦不因為惡之桀而亡，也不會因人的好惡而改變，
所以人以及人的善惡、人的好惡都無法改變於天，故天與人
是相分的：

> 不為而成，不求而得，夫是之謂天職。如是者，雖深，
> 其人不加慮焉；雖大，不加能焉；雖精，不加察焉，
> 夫是之謂不與天爭職。天有其時，地有其財，人有其
> 治，夫是之謂能參。（同上）

天所呈現的自然情形不因人而改變，其形成的過程，無論人
的思慮再深刻、人的才能再偉大、人的觀察再敏銳，亦不是
人所能了解。所以荀子所說的「聖人不求知天」，就是說不
去探求自然天的天功，不去著力於「不為而成，不求而得」
的天職。

　　荀子既然認為天是無意志的自然之天，對於祈天占卜之
類的事又如何看待呢？他說：

> 雩而雨，何也？曰：無何也，猶不雩而雨也。日月食
> 而救之，天旱而雩，卜筮然後決大事，非以為得求
> 也，以文之也。故君子以為文，而百姓以為神。以為
> 文則吉，以為神則凶也。（《荀子・天論篇》）

　　荀子從人事的角度去破解人格神天的神秘與能力，他說
這些祈天占卜之類的事，並不能真以為可以得其所求，只是
君子人為了要文飾政事罷了，百姓不知其理，乃以為真有神
明。

但天地，是生之本，也是生之始[2]，所謂「天地合而萬物生，陰陽接而變化起」（《荀子‧禮論篇》），萬物之屬的人由天地之合而生，也受寒暑之氣而變化[3]，既生活於天地自然之間，又免不了要受自然天的影響。故人要不求知天，卻不能不應於天：

> 應之以治則吉，應之以亂則凶。彊本而節用，則天不能貧；養備而動時，則天不能病；循道而不貳，則天不能禍。故水旱不能使之饑，寒暑不能使之疾，祅怪不能使之凶。本荒而用侈，則天不能使之富；養略而動罕，則天不能使之全；倍道而妄行，則天不能使之吉。故水旱未至而饑，寒暑未薄而疾，祅怪未至而凶。受時與治世同，而殃禍與治世異，不可以怨天，其道然也。故明於天人之分，則可謂至人矣。（《荀子‧天論篇》）

人的吉凶禍福貧富是由人所決定的，但條件是要順應天而為，也就是說人能主宰人生活的一切，但好與壞卻是要看有無配合天來行事。如養生之道周備而能配合天的四時而動，則天不能使人病；相反的說，自身沒有好好的養生且又不配合天

---

2 《荀子‧禮論篇》：「天地者，生之本也」，又《荀子‧王制》：「天地者，生之始也」。
3 此處的「陰陽」指的是「寒暑之氣」，如上文提到《荀子‧天論篇》中所說的：「列星相隨……陰陽大化」，楊倞注曰：「謂寒暑變化萬物也。」，見〔清〕王先謙著，《荀子集解》《荀子集解》，《天論篇》，頁206。

時而動，天也不能使人的生命健全。所以荀子同於孔孟的「不怨天」，但荀子的人掌握了生命的主動權，也相對了要對生命負更大的責任。故明於天人之分，不僅是明於天與人的各司其職，也要明於天與人的各盡其責：

> 天職既立，天功既成，形具而神生。好惡、喜怒、哀樂臧焉，夫是之謂天情；耳、目、鼻、口、形，能各有接而不相能也，夫是之謂天官；心居中虛，以治五官，夫是之謂天君；財非其類以養其類，夫是之謂天養；順其類者謂之福，逆其類者謂之禍，夫是之謂天政。暗其天君，亂其天官，棄其天養，逆其天政，背其天情，以喪天功，夫是之謂大凶。聖人清其天君，正其天官，備其天養，順其天政，養其天情，以全其天功。如是，則知其所為，知其所不為矣，則天地官而萬物役矣。其行曲治，其養曲適，其生不傷，夫是之謂知天。（同上）

真正的知天，其實就是知人，即「知其所為，知其所不為」，知道人何者能為，何者該為；何者不能為，何者不該為。如「天功」是人所不能為，而「暗其天君，亂其天官，棄其天養，逆其天政，背其天情，以喪天功」就是不該為；至於「清其天君，正其天官，備其天養，順其天政，養其天情，以全其天功」就是該為而能為者。

人知其所為，知其所不為，那麼天不但可以順天，更可以「天地官而萬物役」，亦即官天地而役萬物；而不是為天地

所官，為萬物所役：

> 大天而思之，孰與物畜而制之！從天而頌之，孰與制
> 天命而用之！望時而待之，孰與應時而使之！因物而
> 多之，孰與騁能而化之！思物而物之，孰與理物而勿
> 失之也！願於物之所以生，孰與有物之所以成！故錯
> 人而思天，則失萬物之情。（同上）

　　與其大天思天，以天為「神」，不如把天看成為「物」來
加以蓄養裁制；與其順天頌天，不如裁制天而加以利用之。
例如「望時而待之，孰與應時而使之」的「望」與「待」皆
為被動的接受，但「應」與「使」不但是主動的迎接更是積
極的運用。萬物之生在天，萬物之成卻在人，人在此取得了
主動而積極的地位。人由聽天、順天、應天、到「制天而用
之」，這是荀子天人觀中最具人性光輝的一點，天生人成正是
荀子的天人觀。

　　孔子說：「天生德於予，桓魋其如予何？」（《論語・述而
第七》）有人無奈何天的意味，孟子言仁義禮智四端為天落於
人心之人性，有天與人為一的涵義，二人的天與人是相合的；
唯有荀子言人天生性易為惡，而改變人天生性易惡而為善的
動力是禮義，禮義是聖人所生，聖人又是人所積善而成，所
以也就是說人為天所生，但人之治在於人，即易流於惡的人
之性雖為天生，但人能以禮義化性起偽而成善，善惡皆是就
人的行為結果來說，與天無關。人對天的運用，關係著人對
生命的經營，所以可以說無須知命、俟命、立命，而是成命。

人對於自己的人生是操之在我，故我更應該好好的去經營自己的人生。

荀子天人觀中的「人」與孔孟相同，皆是將人置於道德、社會、群體來看的，可以說是道德人、社會人、群體人。孔孟自然義之天是配角，主要是人格神主宰義之天，但他們並非如同古人服膺於宗教性的天一般，聽任天的主宰安排，而是透過人對道德的努力來順應天，所以有天人相合的意味。「儒家雖然注重人事，但孔子的天道觀念也是自然主義，……也信天道自然無為，故儒家信「死生有命，富貴在天」。孟子也是信命天論的。儒家只有一個荀子不信命。」[4]因為荀子不主張人格神天，天只是一個自然的存在，天對於人的影響也來自於自然的變化，人才是自身生命的主宰，故倡言明天人之分。不過，孔孟重天命，荀子重天常，但卻都以人道應天道為主軸。

第二節　由外入內而外的道德身體觀

身體觀討論對於身體的看法與對於身體的態度。古今對於身體的認定並不相同，一般現代談到身體大多以形軀的意義較為主要，但是古時則視身體是一個綜合性的主體，形軀只是這一主體的一部份。美籍學者杜維明在〈從身心靈神四

---

4 黃暉撰，《論衡校釋》，（臺灣：臺灣商務印書館，1983），附編四胡適著的「王充的論衡」，頁1308。

層次看儒家的人學〉一文中提到：

> 身體這個名詞相當於英文的 body。今天我們在行文中用"身體"就好像用英文的 body，直指"軀殼"，了無深意。可是身體，或"身"、"體"，在儒家傳統中是極豐富而莊嚴的符號，非 body 可以代表，當然更不是佛語所謂的"臭皮囊"。修身和修己是同義語，因此身和己有時可以互用，身等於是自身的簡稱。宋明儒講聖人之學不是空談哲理，而是要有受用，換句話說也就是要如同身受。身教，相對言教，代表儒門身體力行高於文字既送的教育思想。身體，在這裡有"以身體之"的意味，因此作為動詞的體字在儒家，特別是宋明時代的儒家，便包涵許多哲理。儒家的人學可以說是體驗之學。[5]

　　身體作為生命存在的具體表徵，事實上有時「身」就是「自身」的簡稱，也就是個人生命的代表。哲學談的是人的問題，必然會觸及到人的生命，人的生命組成為何是「體」的問題；人的生命價值為何則為「用」的問題；人的生命組成與人的生命價值有何關聯，如何關聯，則是「體用」間的問題。儒家「養其身以有為」（《禮記・儒行》）的基調，「有為」就是儒家認為於生命價值之所在，故養其身以有為展示了對於身體的注重在於以形體之「體」行有為之「用」。由此

5　〔美〕杜維明著，〈從身心靈神四層次看儒家的人學〉，《中國哲學範疇集》，（北京：人民出版社，1985），頁 212-213。

延伸出儒家身體觀的兩大共同點：首先有為的程度則與身體的健全有關，這是儒家身體觀的第一個共同特點；而身與心的和諧有序才能發揮最大的用，這是儒家身體觀的第二個特點。身與心如何調配結合成了儒家身體觀的重點，這在孔子之時已有雛型。

　　荀子的身體觀也是屬於道德的身體觀，他認為「人無禮則不生」（《荀子‧修身篇》）亦即人的一切必須在禮的指導之下，例如：

> 凡用血氣、志意、知慮，由禮則治通，不由禮則勃亂提僈；食飲、衣服、居處、動靜，由禮則和節，不由禮則觸陷生疾；容貌、態度、進退、趨行，由禮則雅，不由禮則夷固僻違，庸眾而野。故人無禮則不生，事無禮則不成，國家無禮則不寧。《詩》曰：「禮儀卒度，笑語卒獲。」此之謂也。（同上）

血氣、志意、知慮屬於人的生理、心理範疇；食飲、衣服、居處、動靜屬於人的生活起居；容貌、態度、進退、趨行屬於人的儀態舉止。這些皆要「由禮」，也就是要順禮而行，所謂「凡治氣養心之術，莫徑由禮」（同上）。總歸一句「禮者，所以正身也」（同上），人需要以禮正之，當然也包括人體，所以說荀子也是屬於道德的身體觀。

　　荀子對於人體的分析要比孔孟來的深入，至少他對於人的生成有一較全面性的描述：

> 水火有氣而無生，草木有生而無知，禽獸有知而無義，
> 人有氣、有生、有知，亦且有義，故最為天下貴也。
> （《荀子・王制篇》）

> 天職既立，天功既成，形具而神生。好惡、喜怒、哀
> 樂臧焉，夫是之謂天情；耳、目、鼻、口、形，能各
> 有接而不相能也，夫是之謂天官；心居中虛，以治五
> 官，夫是之謂天君……。（《荀子・天論篇》）

他首先提到「氣」是一切物質的共同特徵，在各自不同的對
象上有不同的呈現，如無生命的水火有水氣、火氣，有生命
的草木、禽獸、人有呼吸之氣息。而「天職既立，天功既成，
形具而神生」說明萬物的生成根源與程序，首先「天地合而
生萬物」（《荀子・禮論篇》），萬物之屬的人亦是天地自然所
生，但「形具而神生」的具體之人其出現的前提是「天職既
立，天功既成」，根據荀子自己的定義「不為而成，不求而得，
夫是之謂天職……皆知其所以成，莫知其無形，夫是之謂天
功。」（《荀子・天論篇》）可以知道具體之人其生成是「不為
而成，不求而得」，「皆知其所以成，莫知其無形」的狀態。
因為荀子是一位重視實証經驗的思想家，關於這部分就是因
為「莫知」，所以他亦不去追究。但是對於形具神生之後，就
說的頗具體。「形具神生」的命題表明了先有人的形體，方生
人的精神，亦即精神需要依賴形體。有了形神之後，便有好
惡喜怒等情緒於其中；又有耳目等感官各與物相接，但卻彼
此不能相兼代，此處要注意的是荀子將人的五官與形體同

列，屬於同一範圍，而特別突出「心」重要性，因為「心」不但能「治五官」，也是「形之君也，而神明之主也，出令而無所受令。」(《荀子‧解蔽篇》)心可以說是人體的主宰。而他對於心的作用之分析更是孔孟所不及，在(《荀子‧正名篇》)中說到：

> 散名之在人者：生之所以然者謂之性；性之和所生，精合感應，不事而自然謂之性。性之好惡喜怒哀樂謂之情。情然而心為之擇謂之慮，心慮而能為之動謂之偽。慮積焉，能習焉，而後成謂之偽。正利而為謂之事，正義而為謂之行。所以知之在人者謂之知，知有所合謂之智。所以能之在人者謂之能，能有所合謂之能。

此處所提到的「性」、「情」其實可歸為同一範圍，也就是「心」未發揮作用時的本能狀態，也可以說是感性的狀態；但「情然而心為之擇」代表心有「擇」的作用，也就是說「好惡喜怒哀樂」之天情感於物而動時，因「心」為之擇而有異，這是屬於理智的狀態，荀子稱之「知慮」或「思慮」。為何心能擇呢？因為心有「徵知」：

> 說故、喜怒、哀樂、愛惡欲以心異。心有徵知。徵知則緣耳而知聲可也，緣目而知形可也。然而徵知必將待天官之當薄其類，然後可也。(同上)

心透過五官與外界接觸得來的訊息而作出統類的整理與判斷，

故能為之擇，此亦為心能治五官的原因。最重要的是「心慮而能為之動謂之偽。慮積焉，能習焉，而後成謂之偽。」這段話，「偽」乃後天的人為，是相對於先天自然的「性」，也就是說經由「心慮」然後「能」為之動的稱為「偽」；在經過無數次思慮的積累與實際經驗的學習後逐漸形成的後天行為規範就是「偽」，前面的「偽」從性質來說，後面的「偽」是就結果而言。「心慮」是「偽」得以成立的前提，沒有心慮的作用，「偽」無從而來。

但「偽」又是人所必須的，因為荀子認為人性有易於為惡的傾向，若順性而為，則必然引發爭亂而使人的生活陷於危殆甚至招致滅亡，所以需要「化性起偽」，使人歸於善。這就是他在《荀子‧性惡篇》所說的：

> 人之性惡，其善者偽也。今人之性，生而有好利焉，
> 順是，故爭奪生而辭讓亡焉；生而有疾惡焉，順是，
> 故殘賊生而忠信亡焉；生而有耳目之欲，有好聲色
> 焉，順是，故淫亂生而禮義文理亡焉。然則從人之性，
> 順人之情，必出於爭奪，合於犯分亂理，而歸於暴。
> 故必將有師法之化，禮義之道，然後出於辭讓，合於
> 文理，而歸於治。

同樣以道德性作為人獸之別[6]，雖然孟子的道德以仁義禮智為主；而荀子的道德以禮義為要，但皆屬於道德的範疇。

---

6 關於以道德劃分人與禽獸之別的部分，參看本文第二章〈以禮義為核心的養生論〉，第一節「禮義為人之所以為人的特質」，頁50。

然而荀子將孟子歸為動物性而非人性的生理功能需求視為先天的「性」；而將孟子歸為人性的道德善性視為後天的「偽」。

就是因為荀子主張道德為後天的行為規範，屬於「偽」，故道德的產生是需要心慮的作用為前提，所以「心」是主宰著人為善為惡的真正關鍵。心要保持「虛壹而靜」的狀態才能知「道」，即知禮義[7]。荀子認為清明狀態之下的「心知」與「心慮」，才能發揮最大的理智作用，所以要以「虛壹而靜」的功夫保持心的大清明。但我們不能忽略「理智」也會受到生理作用的影響，畢竟「心」也有屬於生理性的一面。如《荀子・賦篇》所說的：

> 行為動靜待之而後適者邪？血氣之精也，志意之榮也。百姓待之而後寧也，天下待之而後平也，明達純粹而無疵也，夫是之謂君子之知——知。

「知」是血氣之精、志意之榮，所以說血氣與志意也會影響到「心慮」之「知」，而行為動靜又是待「知」才能適當，故血氣與志意亦是影響身體言行舉動的因素，以此回看前引文「凡用血氣、志意、知慮，由禮則治通」這句話，就明白為何荀子將三者同列，所以荀子也強調「血氣和平」「志意廣大」[8]。當心能真知禮義而志於禮義，則形、神所受由心而出

---

7 《荀子・解蔽篇》云：「何謂衡？曰：道。故心不可以不知道……」楊倞於「道」注曰：「道謂禮義」，〔清〕王先謙著，《荀子集解》，頁263。
8 如《荀子・樂論篇》：「故樂行而志清，禮脩而行成，耳目聰明，血氣和平，移風易俗，天下皆寧，美善相樂。」。又如《荀子・君道篇》：「是故窮則必有名，達則必有功，仁厚兼覆天下而不閔，明達用天地理萬

之令亦符合於道而為正，故形正、神亦正。

　　雖然荀子提出了「形具而神生」的觀點，但他對於身體的關注仍然擺在身心的和諧有序之上。心為人之宰，故身正未必心正，但心正則身必正。而禮義道德既是外在於人性之外，就必須加以後天的學習教化才能有之。因此荀子非常重視學習教化：

> 君子之學也，入乎耳，箸乎心，布乎四體，形乎動靜；端而言，蝡而動，一可以為法則。小人之學也，入乎耳，出乎口；口耳之間，則四寸耳，曷足以美七尺之軀哉！古之學者為己，今之學者為人。君子之學也，以美其身；小人之學也，以為禽犢。（《荀子‧勸學篇》）

此處可以看到禮義道德是如何的由外進入人身，再由人身向外展現出來。首先君子之學透過「耳」這個與外物相接的感官而「入」於人身，然後「箸」乎於人心，不單是由形體外的器官進入形體內的器官；同時亦是由感官面進入理智面的層次。再由心分佈於於四體，然後表現於言行舉止。楊倞注曰：「所謂古之學者為己，入乎耳，箸乎心，謂聞則志而不忘也，佈乎四體謂有威儀潤身也，形乎動靜謂知措履也」[9]。耳和四體皆是荀子所說的天官，也就是屬於人身的形軀部分，

變而不疑，血氣和平，志意廣大，行義塞於天地之間，仁知之極也。夫是之謂聖人審之禮也。」

9　出處同上，〈勸學篇〉，頁 7。

禮義道德是由形軀的耳而入，箸於心，再由心佈於形軀的四體而表現於動作舉止。故這是由外而內再由內外的過程，經由此過程，人的身體舉止動靜，都帶有禮義道德而足以成為法則，如此，人的身體呈現的就是一個禮義道德化的身體，此即荀子所言「君子之學也，以美其身」。所謂「無性則偽之無所加，無偽則性不能自美」（《荀子・禮論篇》），荀子認為只是帶有動物生理性而沒有禮義道德的人身不能自美故不美，是近於禽獸的。而其中的差別就在於有無「箸乎心」，雖然心無禮義，但經由後天的學習教化，心不但知禮義，且志於禮義，禮義才能由內心發而於外，使身體自然呈現禮義道德，即是達到「行禮要節而安之，若生四枝」（《荀子・儒效篇》）的境界，安於禮節就像是身體之生四肢般的自然，而非僅只外在表面的符合禮義。此時屬於「偽」的禮義之於身體就如人的「性」一般，故言荀子是由外入內而外的身體觀。

由上所述，身雖然有時候代表己身，但當為狹義的形軀之身時，可以說儒家的身體以身與心兩大部分為主。而這也是先秦諸子們對於身體最重視的部分。人體由身與心所組合，身泛指形軀，包含各類感官，心其實也可以說是人的感官之一，但從「心」由「身」中另外獨立出來且與「身」並舉，就可以知道「心」的重要性。因為欲望乃損耗人生命形體之大者，而身體的感官需求是必然卻又往往是欲望的淵藪。也就是說當身體作為動物生理性所在之體時，其所顯現的是不能知所節制的慾望之體；唯有以能「知」能「思」的「心」去加以調節克制，所以身與心彼此間是相互依賴卻又互相拉

鋸。儒家的「修身」事實上就是「修心」。

　　但因為身也是人的組成要質，故自當亦須養護，荀子亦提到不忘身，而「養備而動時，則天不能病」（《荀子・天論篇》）這句話更被養生家們作為動以養身的座右銘。

　　透過德性的涵養，身心的結合會顯現出特有的氣象，孟子有踐形生色之謂，荀子則言「君子之學以美其身」，《禮記・大學》也有：「德潤身」之語。但事實上，春秋之時已有其基礎，楊儒賓先生在《儒家身體觀》中稱之為「威儀觀」：

> 儒家的起源最遲可追溯到經書時代，儒家身體觀的起源亦然。就我們目前所知，經書中最重要也較早出現的一種身體觀，乃是藉著操控身體的表現，以符合禮儀的規範，並成為人民典範的一種理念，我們可以稱之為威儀觀。[10]

　　他提出「威」乃君子的容貌風采足以引起他人敬畏之謂，「儀」則為君子的言行舉止足以引起他人的效法。「威儀」是君子人格展現出來的一種理想狀態，這種狀態是對於人格原有狀態的一種改造。....「威儀」是君臣、上下、父子、兄弟、

---

10 提出「威」乃君子的容貌風采足以引起他人敬畏之謂，「儀」則為君子的言行舉止足以引起他人的效法。「威儀」是君子人格展現出來的一種理想狀態，這種狀態是對於人格原有狀態的一種改造……「威儀」是君臣、上下、父子、兄弟、內外、大小共同遵守的準則。〈儒家身體觀的原型〉，楊儒賓著，《儒家身體觀》，（臺北：中央研究院中國文哲研究所籌備處，1996 年），頁 28。

內外、大小共同遵守的準則。」[11]

　　儒家重言教，亦重身教，君子人身心和諧有序呈現出的樣態，更是一種對人的直接教化，所以除了孟子直接提出「君子所性，仁義禮智根於心。其生色也，睟然見於面、盎於背。施於四體，四體不言而喻。」(《孟子・盡心上》)，「有諸內，必形諸外」(《孟子・告子下》) 的踐形論外，孔子與荀子亦提到有德者的特殊形色神情，如：

> 子曰：「……君子正其衣冠，尊其瞻視，儼然人望而畏之，斯不亦威而不猛乎！」(《論語・堯曰篇》)

> 士君子之容：其冠進，其衣逢，其容良；儼然，壯然，祺然，蕼然，恢恢然，廣廣然，昭昭然，蕩蕩然──是父兄之容也。(《荀子・非十二子篇》)

　　不單是外形，君子的視聽色貌言事也都有一定的要求，如《論語・季氏第十六》所說：「君子有九思：視思明，聽思

11　出處同上註，頁 28-29。作者這段說明是由《左傳・襄公三十一年》一則有關北宮文子的話論述而來，其原文如下：「有威而可畏謂之威，有儀而可象謂之儀。君有君之威儀，其臣畏而愛之，則而象之，故能有其國家，令聞長世。臣有臣之威儀，其下畏而愛之，故能守其官職，保族宜家。順是以下皆如是，是以上下能相固也。衛詩曰：『威儀棣棣，不可選也』，言君臣、上下、父子、兄弟、內外、大小皆有威儀也。周詩曰：『朋友攸攝，攝以威儀』，言朋友之道必相教訓以威儀也。周書數文王之德曰：『大國畏其力，小國懷其德』，言畏而愛之也。《詩》云：『不識不知，順帝之則』，言則而象之也。紂囚文王七年，諸侯皆從之囚，紂於是乎懼而歸之，可謂愛。文王伐崇，再駕而降為臣，蠻夷帥服，可謂畏之。文王之功，天下誦而歌舞之，可謂則。文王之行，至今為法，可謂象之。有威儀也。」

聰，色思溫，貌思恭，言思忠，事思敬，疑思問，忿思難，見得思義」，所以「踐形」的「形」包括了體貌、言辭、神情態度等等。

不過孔子與荀子的踐形顯然是較為外化的，如《荀子‧堯曰篇》：「忠誠盛於內，賈於外，形於四海」，文中「盛於內」，雖不能在此據以判斷盛於內是否為本然的狀態，可是「忠誠」屬於道德範圍，而荀子的心卻是不具道德性，故知「盛於內」是先由外而內再盛於內的，較符合上文「『威儀』是君子人格展現出來的一種理想狀態，這種狀態是對於人格原有狀態的一種改造」的說法。

值得注意的是在身心結合使身體呈現特殊樣態的命題上，「氣」佔了重要的地位，孔子已點出血氣的狀態與人格傾向有關，荀子也講血氣和平是有德君子的一個特點。二人的血氣皆屬於生理上之氣，但荀子指出了血氣與人格之所以有關乃在於血氣與心之知慮有關係，而心之知慮正是否能知禮義、志禮義的前提。

蔡璧名先生於《身體與自然》一書中說：「結合身與心，形與神，乃成就傳統文化中頗具特色的身體觀」[12]。但儒家的身體觀重點顯然是擺在身心的協調之上，至於形神問題，荀子雖開了頭，但並無深入的論述，孔子的「神」是就鬼神而言[13]；而孟荀提到「神」，除了有鬼神之神外[14]，大多是將

---

12 蔡璧名著，《身體與自然》（臺北：國立台灣大學出版委員會，1997年），〈生命歷程中的身體觀〉，頁 53。

13 如《論語》中〈雍也第六〉：子曰：「務民之義，敬鬼神而遠之，可謂

之視為一種境界，代表著神妙、神奇、神通[15]。所以在此只著重在身心氣方面。

第三節 生死由人的生死觀

生死觀為人對生死的定義與對待生死的態度。一般人是愛生惡死，貪生怕死，求生避死。不過儒家則以另外一種觀點來跳脫愛生惡死的情緒，即是以理性的「敬生慎死」來面對生死。孔子首先立下對生死的態度為「未知生，焉知死」

知矣。」、〈泰伯第八〉："子曰：「務民之義，敬鬼神而遠之，可謂知矣。」、〈八佾第三〉：「祭如在，祭神如神在。子曰：「吾不與祭，如不祭。」等等。

14 關於《孟子》鬼神之神，如〈萬章上〉曰：「使之主祭而百神享之，是天受之。使之主事而事治，百姓安之，是民受之也。天與之，人與之，故曰：天子不能以天下與人……」。關於《荀子》鬼神之神，如〈天論篇〉：「日月食而救之，天旱而雩，卜筮然後決大事，非以為得求也，以文之也。故君子以為文，而百姓以為神。以為文則吉，以為神則凶也。」，又如〈禮論篇〉：「故葬埋，敬藏其形也；祭祀，敬事其神也；其銘誄繫世，敬傳其名也。」

15 關於《孟子》「神妙」之神，如〈盡心上〉孟子曰：「霸者之民，驩虞如也；王者之民，皞皞如也。殺之而不怨，利之而不庸，民日遷善而不知為之者。夫君子所過者化，所存者神，上下與天地同流，豈曰小補之哉！」，又如〈盡心下〉：曰：「可欲之謂善。有諸己之謂信。充實之謂美。充實而有光輝之謂大。大而化之之謂聖。聖而不可知之之謂神。」關於《荀子》神妙之「神」如〈儒效〉："習俗移志，安久移質。並一而不二，則通於神明，參於天地矣。，又如〈天論〉：「列星隨旋，日月遞炤，四時代御，陰陽大化，風雨博施，萬物各得其和以生，各得其養以成，不見其事，而見其功，夫是之謂神。」

（《論語・先進第十一》），一般談到儒家的生死觀，也總是以這句話認為儒家對生死的態度就是少談死、多論生，似乎有不願面對死亡的意味。事實上儒家也常談死的，只不過談的方向不是人死後的情形而是如何處理人死後的問題，即生者如何對待死者的問題，主導性在於生者，所以歸結起來還是屬於生的範圍。在這樣一個大原則之下，對於死，儒家多是談到喪葬與祭祀及其所代表的意義。

一、天人之分與生死之別

原本生死天命是孔孟生死觀的基礎，由此發展出不致力於人所不能加的「生死短長」，而務心於人所能創的人生的價值。生死天命的天是屬於人格神的天，而荀子的天論我們已於先前說過，即他否定人格神的天而主張自然義的天，並以此發展出明於天人之分的命題。

因為生死並非天命所定，所以生死不具有人格神天的神秘色彩，故荀子從自然法則的角度來討論生死本身，這點乃異於孔孟亦超乎孔孟之處。不過孔孟雖以人格神天為主，但亦不反對天的自然性，將天當作自然而言，而有「人為天之所出」的觀點，這是荀子與孔孟相同之處：

> 列星隨旋，日月遞炤，四時代御，陰陽大化，風雨博施，萬物各得其和以生（《荀子・天論篇》）

> 天地者，生之始也（《荀子・王制篇》）

萬物是經由天地自然的變化之合而生的，所以說天地為生之始，人為萬物之一，故亦為天地所出。人不能離開自然而活，所以說「得地則生，失地則死，是又禹、桀之所同也，」（《荀子‧天論篇》）不論是為人所尊崇，受人稱之為聖王的禹，還是為人所咒罵，受人稱之為暴君的桀，皆需依天地而存，並非人受制於天地的神性；也與人的道德性無關，這只是自然的法則。故雖然人不能離開天地而活，天地也不能決定人的生死。

> 通則一天下，窮則獨立貴名，天不能死，地不能埋，桀、跖之世不能汙，非大儒莫之能立，仲尼、子弓是也。（《荀子‧儒效篇》）

相對於孔孟，荀子對於生死的探討顯然也是從自然觀來談而觸及到了生死的本身。首先他提到「氣」是一切物質的共同特徵：

> 水火有氣而無生，草木有生而無知，禽獸有知而無義，人有氣、有生、有知，亦且有義，故最為天下貴也。（《荀子‧王制篇》）

但是人的生命除了氣之外，還要由生、知、義才得以完成，這是對於生的自然觀察。至於孔孟甚少談及的「死」，荀子也做了自然的分析：

> 背而走，比至其家，失氣而死，豈不哀哉！（《荀子‧

解蔽篇》）

> 夫厚其生而薄其死，是敬其有知，而慢其無知也，是
> 姦人之道而倍叛之心也。君子以倍叛之心接臧穀，猶
> 且羞之，而況以事其所隆親乎！故死之為道也，一而
> 不可得再復也，臣之所以致重其君，子之所以致重其
> 親，於是盡矣。（《荀子・禮論篇》）

此處有兩個觀點，即一為「失氣」則死，因為呼吸氣息乃人
生存的生理現象，所以失氣則死的說法說明了死的一個生理
特徵，即無氣。二為生有知，而死後無知。《孔子家語・致思》
中曾記載一段孔子對於死後有知無知的說法：

> 子貢問於孔子曰：「死者有知乎？將無知乎？」子
> 曰：「吾欲言死之有知，將恐孝子順孫妨生以送死；
> 吾欲言死之無知，將恐不孝之子棄其親而不葬・賜不
> 欲知死者有知與無知，非今之急，後自知之。」[16]

孔子並沒有正面回答人死後究竟是無知或有知，其理由是從
而是從孝的角度來談的，若說人死後有知，恐孝子賢孫跟著
送死；若說死後無知，又怕不肖子孫棄親不葬。最後孔子說
關於人死後有知無知這個問題，其實不急於一時，因為人到
死時就會知道了。這是一個幽默又不失哲理的說法，首先它
透露了孔子認為人終將一死的看法，而死後有知無知的問

16　《孔子家語・致思》，《四部叢刊・子部》（臺北：臺灣商務印書館）。

題，等人死後就便能得知。孔子終究沒有確定人死後知或不知，這與他「未知生，焉知死」（《論語・先進十一》）的主張頗為符合。不過《孔子家語》的時代真偽值得商榷，至少在先秦其他較可靠的資料中，並沒有類似的紀錄。只有荀子明白表示人死後無知，而且「死之為道也，一而不可得再復也」。

至於人死後是否為鬼，荀子是持否定的態度，這可從他有關「鬼神」的言論來看：

> 雩而雨，何也？曰：無何也，猶不雩而雨也。日月食而救之，天旱而雩，卜筮然後決大事，非以為得求也，以文之也。故君子以為文，而百姓以為神。以為文則吉，以為神則凶也。（《荀子・儒效篇》）

> 故曰：祭者，志意思慕之情也。忠信愛敬之至矣，禮節文貌之盛矣，苟非聖人，莫之能知也。聖人明知之，士君子安行之，官人以為守，百姓以成俗；其在君子以為人道也，其在百姓以為鬼事也。（《荀子・禮論篇》）

第一則引文提到「雩而雨，何也？曰：無何也，猶不雩而雨也」，荀子在〈天論〉中提到一些罕見的天文異象，皆屬於自然，只是因少見故人多怪之[17]。君子之人明於其理，但為使

---

17 見《荀子・天論篇》：「星隊，木鳴，國人皆恐。曰：是何也？曰：無何也！是天地之變，陰陽之化，物之罕至者也。怪之，可也；而畏之，非也。夫日月之有蝕，風雨之不時，怪星之黨見，是無世而不常有之。上明而政平，則是雖並世起，無傷也；上闇而政險，則是雖無一至者，無益也。夫星之隊，木之鳴，是天地之變，陰陽之化，物之罕至者也；怪之，可也；而畏之，非也。」

百姓畏懼之心得以安撫，所以「卜筮然後決大事，非以為得求也，以文之也。」第二則引文說到「祭者，志意思慕之情也」，祭祀只是為將對亡者生前的情感表達為對往生者的思慕之情，並不是因為認為亡者為鬼，來加以祭拜。百姓以為神之者，君子以為文；百姓以為鬼事者，君子以為人道，明白顯示出荀子從人事來論鬼神的方向。

除此之外，荀子還從身心狀態來解釋鬼的產生：

> 凡人之有鬼也，必以其感忽之間、疑玄之時定之。此人之所以無有而有無之時也，而己以定事。（《荀子·解蔽篇》）

身心狀態基本上也是人事，故可以說荀子對於孔子不語的「怪、力、亂、神」都從人事自然中得到理性的答案。荀子對於鬼神的論述可算是充滿了人的智慧，因為，對於鬼神的存在，他並沒有斷然的排斥，但只以百姓的角度來肯定；不過一方面又以君子的角度來否定鬼神，表面上兼顧到民情與理性，實質上有德有智者的君子無有鬼的意涵卻也顯示了道德與鬼神的高低。

對於上文所提《孟子·萬章上》上唯一有關鬼神的記載，荀子也做了一番說明：

> 曰：「死而擅之。」是又不然。聖王在上，決德而定次，量能而授官，皆使民載其事而各得其宜。不能以義制利，不能以偽飾性，則兼以為民。聖王已沒，天

下無聖，則固莫足以擅天下矣。天下有聖，而在後子者，則天下不離，朝不易位，國不更制，天下厭然與鄉無以異也；以堯繼堯，夫又何變之有矣！聖不在後子而在三公，則天下如歸，猶復而振之矣。天下厭然與鄉無以異也；以堯繼堯，夫又何變之有矣！唯其徙朝改制為難。故天子生則天下一隆，致順而治，論德而定次，死則能任天下者必有之矣。夫禮義之分盡矣，擅讓惡用矣哉！（《荀子・正名篇》）

　　孟子的說法認為人只能薦人於天，而藉由神的享祭來說明天將天子之位與所薦之人，荀子則更進一步的說是人選擇人，非關天神，更加強了荀子有人事無神鬼之事的態度。因為如此，所以人的生死也是由人所決定，順著這樣的理念，他喊出了「天行有常，不為堯存，不為桀亡。應之以治則吉，應之以亂則凶。彊本而節用，則天不能貧；養備而動時，則天不能病；循道而不貳，則天不能禍」（《荀子・天論篇》）這一段充滿人事積極主動性的口號。天的「不為」對比出人的「可為」，人的力量突顯在天的「不能」中，從天的不為不能中，人找到對於自我生命的主控性與責任感。

二、生死以禮終始如一

　　對於標榜「人無禮不生，事無禮不成，國家無禮不寧」（《荀子・大略篇》）的荀子而言，人的生死自然要以禮為依歸，雖然對孝道的先天後天有不同的看法，但荀子與孔孟一

樣皆由從以禮事生事死來表達對父母的孝道：

> 禮者，謹於治生死者也。生，人之始也；死，人之終
> 也，終始俱善，人道畢矣。故君子敬始而慎終，終始
> 如一，是君子之道，禮義之文也。(《荀子・禮論篇》)

> 凡禮：事生，飾歡也；送死，飾哀也；祭祀，飾敬也；
> 師旅，飾威也。是百王之所同，古今之所一也，未有
> 知其所由來者也。故壙壟，其貌象室屋也；棺槨，其
> 貌象版蓋斯象拂也；無帾絲歶縷翣，其貌以象菲帷幬
> 尉也。抗折，其貌以象檻茨番閼也。故喪禮者，無它
> 焉，明死生之義，送以哀敬，而終周藏也。故葬埋，
> 敬藏其形也；祭祀，敬事其神也；其銘誄繫世，敬傳
> 其名也。事生，飾始也；送死，飾終也；終始具，而
> 孝子之事畢，聖人之道備矣。刻死而附生謂之墨，刻
> 生而附死謂之惑，殺生而送死謂之賊。大象其生以送
> 其死，使死生終始莫不稱宜而好善，是禮義之法式也，
> 儒者是矣。(同上)

　　禮義之文表現於生死之事者就是「君子敬始而慎終，終
始如一」兩部分，關於「敬始而慎終」，可從「禮者，謹於治
生死者也」的「謹」字來看，謹於治生的要求就是「敬」，謹
於治死的要求就是「慎」，「敬始而慎終」傳達了對於生死的
重視，也顯示以禮事生事死應有的態度。至於「終始如一」
就是「事死如生，事亡如存」：

> 喪禮者，以生者飾死者也，大象其生以送其死也。故
> 事死如生，事亡如存，終始一也。（同上）

「終始如一」其實有兩個方面，一為對人的事生與事死
符合於禮。二為對人死後的對待要如生前一般。事死當然是
要由生者來行動，亦即由生者來事死，而且還要以生者之禮
來事死者：

> 喪禮者，以生者飾死者也，大象其生以送其死也。故
> 事死如生，事亡如存，終始一也。始卒，沐浴、鬠體、
> 飯唅，象生執也。不沐則濡櫛三律而止，不浴則濡巾
> 三式而止。充耳而設瑱，飯以生稻，唅以槁骨，反生
> 術矣。設褻衣，襲三稱，縉紳而無鉤帶矣。設掩面儇
> 目，鬠而不冠笄矣。書其名，置於其重，則名不見而
> 柩獨明矣。薦器則冠有鍪而毋縰，甕廡虛而不實，有
> 簟席而無床笫，飯唅，不成糜，陶器不成物，薄器不
> 成內，笙竽具而不和，琴瑟張而不均，輿藏而馬反，
> 告不用也。具生器以適墓，象徙道也。略而不盡，貌
> 而不功，趨輿而藏之，金革轡靷而不入，明不用也。
> 象徙道，又明不用也，是皆所以重哀也。故生器文而
> 不功，明器貌而不用。（《荀子·禮論篇》）

楊倞注曰「不以死異於生，亡異於存」[18]，荀子則舉了實際

18　見〈禮論篇〉，〔清〕王先謙著：《荀子集解》（北京：中華書局，1996
　　年），頁242。

的作為來說明何謂「事死如生，事亡如存」，如「始卒，沐浴、鬠體、飯唅，象生執也」就是說人雖亡，但仍需執持生時之事，包括沐浴、絜髮、剪指甲、飯唅等等，又如準備生時所需用到的器具，但卻備而不能用，如「有簟席而無床第...笙竽具而不和，琴瑟張而不均」等等，若以生待之，然「無」、「不」者表示終究無以為用。重哀情的表達就在於「象徙道，又明不用也」，即不忍言其死別，所以具備生時有用之器送往墓地，好像只是移居他處一般；但藉由所具之器的不用，又知死別之實。

　　關於喪禮部分，喪期顯示出親疏貴賤的差等，也是關乎人情哀慟之心的程度，故為儒者所重。其中孔孟荀皆提到「三年之喪」，孔子從「子生三年，然後免於父母之懷」（《論語‧陽貨第十七》）說明三年之喪的順人情，孟子由滕文公為其父滕定公服喪的故事說明三年之喪的重人心（見《孟子‧滕文公上》），荀子則是直指三年之喪乃「稱情而立文」：

　　　三年之喪，何也？曰：稱情而立文，因以飾群，別親疏貴賤之節，而不可益損也。故曰：無適不易之術也。創巨者其日久，痛甚者其愈遲，三年之喪，稱情而立文，所以為至痛極也。齊衰、苴杖、居廬、食粥、席薪、枕塊，所以為至痛飾也。三年之喪，二十五月而畢，哀痛未盡，思慕未忘，然而禮以是斷之者，豈不以送死有已，復生有節也哉！（《荀子‧禮論》）

　　鄭康成曰:「稱人之情輕重而制其禮也」[19],所謂「禮以順人心為本」(《荀子‧大略》),順人心就是指「稱人情之輕重」。守喪三年表達了「至痛極也」的人情;對於三年之喪中衣食住行的規範,是為了表達此一至痛人情的禮文。其實「哀痛」之其情,「思慕」之心,豈能隨規定的時日說止便指,但是送死之道終需有節度,因為死者已矣,生者終究需要回歸正常的生活。

　　至於其他的對於喪計的禮儀規定,皆是要「透過禮義對身體樣態(包括衣食、形貌、動作、言行等等)的規範,配合社會等級貴賤,一方面令死者得其如生時的孝意,一方面又能令生者不至於隘懾傷生」[20],所以說禮對於生死之治事稱情而立文,而又能明於生死之義。

　　孟子擴大了養生送死的對象,注重對群生的養生送死,荀子亦然。所以除了對特定個體的「養生送死」要以禮為之的討論外,對群生的「養生送死」亦須依禮而行也有所說明,首先是養生方面:

　　　道者,何也?曰:君之所道也。君者,何也?曰:能群也。能群也者,何也?曰:善生養人者也,善班治人者也,善顯設人者也,善藩飾人者也。善生養人者人親之,善班治人者人安之,善顯設人者人樂之,善藩飾人者人榮之。四統者俱,而天下歸之,夫是之謂

19　同上註,頁246。
20　見本文第一章〈緒論〉,第二節「荀子對生命形體的注重與目的」,頁37。

> 能群……四統者亡，而天下去之，夫是之謂匹夫。故
> 曰：道存則國存，道亡則國亡。省工賈，眾農夫，禁
> 盜賊，除姦邪，是所以生養之也。（《荀子‧君道篇》）

孟子視「養生送死無憾」為王道之始，荀子認為君王
之道包含四個方面，即「善生養人者也，善班治人者也，善
顯設人者也，善藩飾人者也。」，其中「善生養人者也」的具
體作為是「省工賈，眾農夫，禁盜賊，除姦邪」，與孟子的「不
違農時，穀不可勝食也；數罟不入洿池，魚鱉不可勝食也；
斧斤以時入山林，材木不可勝用也。穀與魚鱉不可勝食，材
木不可勝用，是使民養生喪死無憾也。」相較，雖都主張要
維持人民的生活基礎，注重民生條件；但荀子的「禁盜賊，
除姦邪」多了對於社會環境的要求，這與他的性惡論不無關
係，因為人性亦於為惡，故要加強對於惡行的禁除，當然主
因在於他強調人是社會群體動物，所以社會的安和關乎人生
活的品質。他在此並沒有提到禮義對於群生的養生有何重要，
但是就其性惡論的主張來看，「盜賊」、「姦邪」惡事的發生就
是因為人的順性而為，能「禁」之、「除」之的就是禮義：

> 古者聖人以人之性惡，以為偏險而不正，悖亂而不治，
> 故為之立君上之埶以臨之，明禮義以化之，起法正以
> 治之，重刑罰以禁之，使天下皆出於治、合於善也。
> 是聖王之治而禮義之化也。（《荀子‧性惡篇》）

> 義者，所以限禁人之為惡與姦者也。……夫義者，內

節於人而外節於萬物者也，上安於主而下調於民者也。
內外上下節者，義之情也。(《荀子‧彊國篇》)

荀子說：「亂世之徵：其服組，其容婦，其俗淫，其志利，
其行雜，其聲樂險，其文章匿而采，其養生無度，其送死瘠
墨，賤禮義而貴勇力，貧則為盜，富則為賊。治世反是也。」
(《荀子‧樂論篇》)亂世就是無禮義之世，所以列為亂世之
徵的「其養生無度，其送死瘠」也是因無禮義所造成的狀況
之一二。故知養生、送死皆須依禮義而為。亦且養生無度代
表太過，送死瘠墨代表不及，需要平之以中，而禮義之道就
是中：

> 先王之道，仁之隆也，比中而行之。曷謂中？曰：禮
> 義是也。道者，非天之道，非地之道，人之所以道也，
> 君子之所道也。(《荀子‧儒效篇》)

禮義為權衡的中道，要想養生有度、送死不瘠，就當以
中道禮義加以調節，由也可證明禮義對於養生送死的重要。

此外他還特別從貴生的角度說明人對的「養生安樂」要
以禮義為大：

> 故人莫貴乎生，莫樂乎安；所以養生安樂者，莫大乎
> 禮義。人知貴生樂安而棄禮義，辟之是猶欲壽而殉頸
> 也，愚莫大焉。(《荀子‧彊國篇》)

「養生安樂，莫大乎禮義」是對生命的追求與對生活的

要求所提出的方針，不僅將事生以禮由孝親的層面兼及到民德的層面[21]，也顯示出荀子對於養生的重視。

三、由捨生取義到不避亦死

孔孟強調道德的追求重於生死的維持是有德之人應有的觀點，因為生命歷程的好壞關乎於人所能為的道德，而不是天所定的生死。但是這段話用到荀子的生死觀時，就要稍作修改，即「道德的追求重於生死的維持是有德之人應有的觀點，因為生命歷程的好壞關乎於人所能為的道德，生命的可貴在於人所亦於禽獸的道德」，而這是孟荀的共同主張。因為生死人定是荀子的生死觀中與孔孟最大的不同之處。而且他還進一步指出生死為人心之所定：

> 人之所欲生甚矣，人之所惡死甚矣；然而人有從生成死者，非不欲生而欲死也，不可以生而可以死也。故欲過之而動不及，心止之也。心之所可中理，則欲雖多，奚傷於治？欲不及而動過之，心使之也。心之所可失理，則欲雖寡，奚止於亂？故治亂在於心之所可，亡於情之所欲。不求之其所在，而求之其所亡，雖曰我得之，失之矣。（《荀子・正名篇》）

這段話與孟子的「生，亦我所欲也；義，亦我所欲也。二者不可得兼，舍生而取義者也。生亦我所欲，所欲有甚於

21　《荀子・儒效篇》言「以養生為己至道，是民德也。」

生者，故不為苟得也。死亦我所惡，所惡有甚於死者，故患有所不辟也。」（《孟子‧告子上》）其實意思幾乎一樣，只不過孟子直接將義置於生死之上，但荀子則以心的中理來克制對於生死的大欲，而心的中理也就是心的知禮義。因為荀子主張禮義是後天由心知禮義治禮義而來，所以多了心的認知來導出禮義高於生死。

　　所以雖然荀子的道德與孟子的道德有後天先天之別，但對於道德的追求超越生死界線的觀點是一致於孔子的：

> 爭飲食，無廉恥，不知是非，不辟死傷，不畏眾彊，？？然唯飲食之見，是狗彘之勇也。為事利，爭貨財，無辭讓，果敢而振，猛貪而戾，？？然唯利之見，是賈盜之勇也。輕死而暴，是小人之勇也。義之所在，不傾於權，不顧其利，舉國而與之不為改視，重死持義而不橈，是士君子之勇也。（《荀子‧榮辱篇》）。

> 君子易知而難狎，易懼而難脅，畏患而不避義死，欲利而不為所非，交親而不比，言辯而不辭，蕩蕩乎其有以殊於世也（《荀子‧不苟篇》）

士君子之勇的行為表現之一是「重死持義而不橈」，楊倞注曰：「雖重愛其死，而執節持義不橈曲以苟生也。〈儒行〉曰：『愛其死以有待也』」[22]。荀子認為生命是可貴的，故不輕易言死，只有小人才會輕死而暴。但是死若死的有價值，則當死之時，

22　〔清〕王先謙著，《荀子集解》，〈榮辱篇〉，頁35。

亦無需畏懼疑惑，所以君子「不避義死」。

道德原本是提升人生命的境界，即使對於生命形體來說也有積極的一面，孔子言「仁者壽」（《論語・雍也第六》），孟子則說：「士庶人不仁，不保四體」（《孟子・離婁上》），荀子曰：「生者以禮壽」都是在說明道德對形體生命的正面作用。當面對道德與生命的必擇其一時，雖然儒家常選擇失去生命成就道德，但並不代表道德與生命是對立的：

> 孰知夫出死要節之所以養生也（《荀子・禮論篇》）

透過「能夠成就道德的死不是死，反倒是一種養生」的轉化，死亡成了道德與生命結合的關鍵，所以自然突破了愛生惡死的大欲。這是孔孟荀子生死觀中所展現的最大共同點，也是儒家最高的生死智慧。荀子的「不避義死」顯示了儒家生死間的生命價值不在於生與死之間的距離；而是在於道德的追求與實現。

第四節　動時與靜心的靜觀論

動與靜原本是就事物的物理狀態而言，最簡單就是運動與靜止。《莊子・秋水》曾說道：「物之生也，若驟若馳，無動而不變，無時而不移」，表明了萬物的生長是非常的快速，無時無刻不在變動之中。的確，生命原本就是一個動態的歷程，一般常說「生老病死」，屬於生理健康上的變化；「悲歡

離合」指的是生活情境上的變化;「吉凶禍福」指命運好壞的
變化。但面對起起伏伏的變化,人若不能保持心境精神上的
相對穩定,便會隨之動盪而亂。就身體而言,血氣的循環、
筋骨肌肉的伸屈、官能的感應等等更是生命運作的必然,然
而過度的使用反倒造成生命的損耗,所以有時亦必須放緩生
命步驟的調子,需要以靜來制動。

　　但是所謂的動與靜並不僅止於如此,「在中國古代哲
學的長期發展中,……變易、有欲、有為、剛健等都被納入
"動"的範圍,而常則、無欲、無為、柔順等則被納入"靜"
的範圍。」[23]老子首先把動靜作為哲學概念加以對比,提出
「重為輕根。靜為躁君」(《老子·二十六章》),韓非說:「重
則能使輕,靜則能使躁」(《韓非子·喻老》)[24],這種以靜為
主的思想,可謂道家的一大特色。

　　中國養生的動靜觀就是以道家此種動靜得當而以靜為主
的動靜觀為主軸。事實上先秦思想中,沒有絕對的主動或全
然的主靜,儒家亦然,《周易·繫辭上傳》云:

　　　天尊地卑,乾坤定矣。卑高以陳,貴賤位矣。動靜有
　　　常,剛柔斷矣。

　　《周易正義》正義曰:「天陽為動,地陰為靜,各有常
度,則剛柔斷定矣。動而有常則成剛,靜而有常則成柔,所
以剛柔可斷定矣。若動而無常則剛道不成,靜而無常則柔道

---

23 劉培育著,《中國古代哲學精華》,(甘肅:甘肅人民出版社,1992),
　　〈天道屬性〉,頁98。
24 〔清〕王先慎撰《韓非子集解》,《諸子集成》(北京:中華書局,1996)。

不立，是剛柔雜亂動靜無常，則剛柔不可斷定也。此經論天地之性也，此雖天地動靜亦總兼萬物也，萬物稟於陽氣多而為動也，稟於陰氣多而為靜也。」[25]此處言天下萬物的動靜皆有一定的常度，這是剛柔得以成的原因，亦即動與剛、靜與柔的關係是「動而有常則成剛，靜而有常則成柔」。所謂動靜有常，首先是有常可言，而有常必定是需要一段歷程才能從中尋出一定的規律，所以先有動靜，才有剛柔。重要的是此處表明了動靜有常是天地之性亦總兼萬物，故天地自然有動靜，萬物亦然。

　　人為萬物之屬，人亦天生有動有靜，《禮記・樂記》中言：

> 人生而靜，天之性也；感於物而動，性之欲也。物至知知，然後好惡形焉。好惡無節於內，知誘於外，不能反躬，天理滅矣。夫物之感人無窮，而人之好惡無節，則是物至而人化物也。

此處認為「人初生未有情欲，是其靜稟於自然，是天性也」[26]，也就是說主張人性原為「靜」，而「動」乃性之欲的表現。將動與靜及人的性與欲作一連結。而荀子與孔孟相同皆是從道德修養的角度來談。

25　《周易正義》，（上海：上海古籍出版社，1997），〈繫辭上〉，頁 76。
26　《禮記正義》，（上海：上海古籍出版社，1997），〈樂記〉，頁 1529。

一、動以禮與動應時

荀子的動有幾個意涵，首先就行為舉動的意思來說，與孔子一樣強調要合於禮。如：

> 食飲、衣服、居處、動靜，由禮則和節，不由禮則觸陷生疾……。（《荀子·修身篇》）

> 古者先王審禮以方皇周浹於天下，動無不當也。（《荀子·君道篇》）

> 行義動靜，度之以禮（同上）

荀子提到人的行為舉動如果不以禮就會不當，會造成觸陷生疾，在《荀子·賦篇》中也提到行為舉動要待知而後適[27]，此處「知」即「知有所合」的「智」，表示行為舉動需要智的指導才能合適，主要指的是知禮義之道之知，其實也就是說行為舉動要合於禮之意，所以人的行儀舉止要以禮來斟酌規範。在《荀子·正名篇》則說：「故人無動而不可以不與權俱。」王念孫曰：「上不字衍。此言人之舉動不可不與權俱（權謂道也）。不與權俱則必為欲惡所惑，故曰人無動而可以不與權俱。」[28]，王念孫謂「權謂道也」，指的就是禮義之道，所以也可以說：「故人無動而不可以不與禮義俱」。

---

27 《荀子·賦篇》：「行為動靜待之而後適者邪？血氣之精也，志意之榮也。百姓待之而後寧也，天下待之而後平也，明達純粹而無疵也，夫是之謂君子之知─知。」

28 〔清〕王先謙著，《荀子集解》，〈正名篇〉，頁286。

　　同時，行為舉動也關乎生活的步調，因為若過於快速，自然行為舉動也容易跟著匆忙失序，所以《荀子‧天論篇》又說：「齊給便利，則節之以動止」，楊倞於此注曰：

> 齊給便利，皆捷速也，懼其太陵遽，故節之使安徐也。

　　這非常符合現代人的養生之方，因為現代的生活就是節奏太快，人在匆匆忙忙之中，往往去去了生活應有的步調，亦使身心不知不覺處於焦慮的狀態，故此時就需要禮的節制作用來加以調整。所以所謂禮使人行為舉止合宜，不只是合於社會的身分、環境、事件；同時對於生活節奏的快慢也具有調節的功效，本文第一章說到「禮就是要在過與不及之間，尋得中道的平衡點」[29]，用於此即是以禮調整生活步調的使之不急不徐，合於中道。

　　另一個動的意思是除了行動舉止外兼及於形體的運動而言。孔孟荀三人之中，荀子最直接明白的表示形體有好佚的生理之性，如：

> 故人之情，口好味而臭味莫美焉，耳好聲而聲樂莫大焉，目好色而文章致繁、婦女莫眾焉，形體好佚而安重閒靜莫愉焉，心好利而穀祿莫厚焉。(《荀子‧王霸篇》)

---

29 見本文第一章〈緒論〉，第二節「荀子對生命形體注重的動機與目的」，頁34。

　　骨體膚理好愉佚，是皆生於人之情性者也（《荀子·
性惡篇》）

　　就是因為形體好佚惡勞是人的天性，所以人往往怠於對
形體的運動。然而生理機能是若是不動，一來無法發揮功能，
二來會漸行退化，甚至造成疾病，所以《荀子·天論篇》有
言：

　　養備而動時，則天不能病，……養略而動罕，則天不
　　能使之全……。

　　人的或健或病是在於人的「養備而動時」或是「養略而
動罕」。這其中包括養的備或略及動的時或罕。據楊倞之注
曰：「養備謂使人衣食足，動時謂人勤力不失其時，亦不使
勞苦也。養生既備，動作以時，則疾疹不作也。」[30]則「動」
指人的勤力而為，「時」為不失其時，就是屬於「望時而待之，
孰與應時而使之」的做法[31]，亦即「當其時而動」（《荀子·
解蔽篇》）於此荀子除了先前動以禮的觀念外，又提出了動應
時的觀念。其實這個概念在老子已有：

　　上善若水。水善利萬物而不爭，處眾人之所惡，故幾
　　於道。居善地，心善淵，與善仁，言善信，正善治，

30　〔清〕王先謙著：《荀子集解》，〈天論篇〉頁204。
31　本文第三章〈養生之道的內容〉第三節「形體與群體生命的養生之道」
　　提到：〝所謂「養備而動時」就是屬於「望時而待之，孰與應時而使
　　之」的做法〞，頁113。

事善能，動善時。夫唯不爭，故無尤。」(《老子‧第八章》)

關於「動善時」，河上公注曰：「夏散冬凝，應期而動，不失天時」，王淮案：「此言水之變化運動，皆順乎時勢，發乎自然。體道之聖人亦如此，司馬談論道家：『與時推移，應物變化，立俗施事，無所不宜』，即其義也」32雖然老子此處是就聖人的德性而言；而荀子的「養備而動時，則天不能病」顯然是針對人體生命的健康來說，不過「動」要順應時勢，卻是二者所同。

荀子另一個動的觀點屬於心的感化之動。因為他主張人心只具有理智性而不具有道德性，需要由後天的學習教化而有之。其中音樂原就是人心形於聲音的表達，透過聲音與心的這個管道，便可以平和之樂聲加以誘導反應，使人心在紓解與回應中得感化：

> 夫樂者，樂也，人情之所必不免也。故人不能無樂，樂則必發於聲音，形於動靜；而人之道，聲音動靜、性術之變盡是矣。故人不能不樂，樂則不能無形，形而不為道，則不能無亂。先王惡其亂也，故制雅、頌之聲以道之，使其聲足以樂而不流，使其文足以辨而不諰，使其曲直、繁省、廉肉、節奏，足以感動人之善心，使夫邪汙之氣無由得接焉。(《荀子‧樂論篇》)

32王淮著，《老子探義》(臺北：臺灣商務印書館，1988年)，頁38。

從「夫聲樂之入人也深，其化人也速，故先王謹為之文。樂中平則民和而不流，樂肅莊則民齊而不亂。」（同上）來看，這個感化是一種由「入」而「化」的過程，也就是一種「動」的過程；但樂聲的「中平」、「肅莊」卻是呈現一種「靜」的型態；而使人「和而不流」、「齊而不亂」的效果，亦屬於「靜」的狀態。故音樂的感化人心是要使心平靜和諧，這就牽涉到下文要談到的心之動與靜。

二、心的未嘗不動與虛壹而靜

荀子主張性惡，認為天生具有於動物生理性的感官功能及其慾望乃人之「性」，至於突顯人之所以為人的道德性（禮義）是需要經由後天的學習教化才能得到的「偽」。在道德內化於人的過程中，「心」佔有舉足輕重的地位，因為心具有徵知的功能，必須先由心知禮義之道，人才能加以學習，所以心的狀態影響了人對於禮義之道的認知程度。心若要能知道，就必須維持心的大清明狀態，大清名的狀態則是透過「虛壹而靜」的修養功夫而來：

> 人何以知道？曰：心。心何以知？曰：虛壹而靜。……未得道而求道者，謂之虛壹而靜。作之：則將須道者之虛虛則入，將事道者之壹壹則盡，盡將思道者靜靜則察[33]。知道察，知道行，體道者也。虛壹而靜，謂

---

33 原文為「作之：則將須道者之虛則入，將事道者之壹則盡，盡將思道者靜則察。」此處引文依王引之之注而改。王引之曰：「楊訓將為行，

之大清明。萬物莫形而不見，莫見而不論，莫論而失
位。坐於室而見四海，處於今而論久遠。疏觀萬物而
知其情，參稽治亂而通其度，經緯天地而材官萬物，
制割大理而宇宙裏矣。恢恢廣廣，孰知其極？睪睪廣
廣，孰知其德？涽涽紛紛，孰知其形？明參日月，大
滿八極，夫是之謂大人。夫惡有蔽矣哉！（《荀子‧
解蔽篇》）

虛壹而靜的實行就是「則將須道者之虛則入，將事道者之壹
則盡，盡將思道者靜則察。」，其功效分而言之為「虛則入」，
「壹則盡」，「靜則察」；合而言之則是「萬物莫形而不見，莫
見而不論，莫論而失位」，其境界就是「疏觀萬物而知其情，
參稽治亂而通其度，經緯天地而材官萬物，制割大理而宇宙
裏矣」，可以說虛壹而靜是一個人成為大人的關鍵。

　　對虛壹而靜的強調也代表著心其實不易為靜，其實荀子
已明白指出心是處於動的狀態：

性之好惡喜怒哀樂謂之情。情然而心為之擇謂之慮，
心慮而能為之動謂之偽。（《荀子‧正名篇》）

而以作之則將絕句，又增刪下文而強爲之解，皆非也。此當以作之二
字絕句，下文當作則將須道者之虛虛則入，將事道者之壹壹則盡，將
思道者之靜靜則察，此承上文虛一而靜言之。將，語詞也。道者，即
上所謂道人也。言心有動作，則將須道者之虛虛則能入，將事道者之
壹〔事如請事斯語之事〕壹則能盡，將思道者之靜靜則能察也……今
本入誤作人，其餘又有脫文衍文耳。」見〔清〕王先謙著，《荀子集
解》，〈解蔽篇〉，頁 264。

> 心，臥則夢，偷則自行，使之則謀，故心未嘗不動也。
> （《荀子‧解蔽篇》）

此處的動不是指心的生理跳動，乃是心的思慮功能，心的徵知是心本有的能力，而心的思慮功能是無時無刻皆在作用著。

　　人的生命是否能夠為善，端在於人是否能夠避免成為「縱性情、安恣睢而違禮義」（《荀子‧性惡篇》）的小人，對於性情之欲的控制就在於心的是否中理：

> 欲不待可得，所受乎天也；求者從所可，所受乎心也。所受乎天之一欲，制於所受乎心之多，固難類所受乎天也。人之所欲生甚矣，人之所惡死甚矣；然而人有從生成死者，非不欲生而欲死也，不可以生而可以死也。故欲過之而動不及，心止之也。心之所可中理，則欲雖多，奚傷於治？欲不及而動過之，心使之也。心之所可失理，則欲雖寡，奚止於亂？故治亂在於心之所可，亡於情之所欲。（《荀子‧正名篇》）

楊倞注曰：「動謂作為。言欲過多而所作為不及其欲，由心制止也。」王先謙案：「此文即以上生死明之，所欲有過於生而動不急於求生者，心之中理止之也。」[34]原本生死為人之大欲，之所以能超越「求生避死」的天性，就在於心的認定。所謂「欲不待可得，所受乎天也；求者從所可，所受乎心也」

---

34 〔清〕王先謙著，《荀子集解》，〈正名篇〉，頁284。

代表著天性與人心的交戰，人心的中理就是人能夠擺脫情慾天性之所在。但是人心的思慮是必須先透過耳目與外界的接觸來做判斷，心若不堅定平靜，會受到各種干擾與矇蔽，當此之時，便會有錯思之時，《荀子・解蔽篇》云：

> 凡觀物有疑，中心不定，則外物不清。吾慮不清，未可定然否也。冥冥而行者，見寢石以為伏虎也，見植林以為後人也：冥冥蔽其明也。醉者越百步之溝，以為蹞步之澮也；俯而出城門，以為小之閨也：酒亂其神也。厭目而視者，視一以為兩；掩耳而聽者，聽漠漠而以為恂恂：埶亂其官也……水動而景搖，人不以定美惡，水埶玄也。瞽者仰視而不見星，人不以定有無，用精惑也。有人焉以此時定物，則世之愚者也。彼愚者之定物，以疑決疑，決必不當。夫苟不當，安能無過乎？

所謂「不以夢劇亂知謂之靜」（同上），指的就是不因內在的幻想與外來的干擾來混亂心智[35]，就是靜。如引文所言，光線的黑暗會影響人的視覺，酒會昏亂人的神志，表示著外物情勢會混亂官能，若中心不定，便會隨之疑惑不明，此時所做的判斷便會有所不當。荀子舉一位名為涓蜀梁之人為例：

> 其為人也，愚而善畏。明月而宵行，俯見其影，以為伏鬼也；卬視其髮，以為立魅也。背而走，比至其家，

---

35 所謂「夢」，代表內在的幻想；而「劇」則代表外來的干擾。

> 失氣而死，豈不哀哉！凡人之有鬼也，必以其感忽之
> 間、疑玄之時定之。此人之所以無有而有無之時也，
> 而己以定事。（同上）

因為中心的不定，造成涓蜀梁自己嚇死自己的悲劇。雖然這只是荀子的一個比喻，但世上不也有許多人是因為心的疑神疑鬼而造成不必要的困擾嗎？佛家言：「境由心造」、「魔由心生」，困擾自己的往往就來自於自己的內心。故保持心的定靜不但能使人能不受情慾所控；也使人生命的言行舉動得以減少不當過失，如此人的生命自然少受損耗而能得以盡其所長。所以心處於動的狀態，但可以虛壹而靜的功夫使心呈現如水一般的清明之靜，則心之動不為盲動：

> 故人心譬如槃水，正錯而勿動，則湛濁在下而清明在
> 上，則足以見鬚眉而察理矣。微風過之，湛濁動乎下，
> 清明亂於上，則不可以得大形之正也。心亦如是矣。
> 故導之以理，養之以清，物莫之傾，則足以定是非、
> 決嫌疑矣。（同上）

心的徵知能力猶如水一般，雖然可以照見萬物，但一點點的矇蔽都足以影響其功能；就如水面只一經微風吹動，波瀾不但會扭曲了影像，水中泥沙的翻騰，更會造成渾濁不清。若要發揮心定是非、決嫌疑的功能就是要「導之以理，養之以清，物莫之傾」，心如止水之靜，則徵知便明，思慮乃清。

可以看出荀子對於動靜的探討較孔孟為詳細，除了延續

孔子的「動以禮」之外，明確舉出「動應時」的觀念，此一觀點雖然早已形成，非荀子的獨家發明，但孔孟並未喊出如此鮮明貼切的口號。此外，他強調了心靜對於心知的重要，其中的心理分析亦為孔孟所不及，且提出的靜以養心，對於較為偏向動的儒家而言，使其動靜觀更為周延。

第五節　以禮化人的修養論

儒家既以道德修養為其養生論的重點，道德項目是共同的題材，惟孔子重仁，孟子講仁義禮智，荀子以禮義為主。雖然核心德目不同，但有一個共同點，即他們皆以所重的道德項目來突顯人性。

孔子雖對人性善惡未多加究，但孟子明言人性本善，荀子則認為人性為惡，既不知禮義亦無禮義，《荀子‧賦篇》云：「性不得則若禽獸，性得之則甚雅似者與？匹夫隆之則為聖人，諸侯隆之則一四海者與？……請歸之禮－－禮。」說明了人性若無「禮」，則與禽獸無異。又《荀子‧王制篇》則說：「水火有氣而無生，草木有生而無知，禽獸有知而無義，人有氣、有生、有知，亦且有義，故最為天下貴也。」故知「義」為人異於群物之處。綜合而言，禮義雖為外鑠，但仍為人之所以為人者。

孔孟荀皆認為唯有道德才是人與萬物禽獸之別，而人與獸的相似度又比其它無生物者更為接近，因為皆有生理慾望

之性，所以無論道德是先天即有或後天所得，都還需要加以修持，不使人與禽獸相同的生理之性淹沒了人的道德性，方能使人的道德性持續指導人的生命走向，不至於淪為禽獸之行；故道德的修養對於人生命的提昇非常重要。

可以說修養道德以節制人性的生理慾望，使人的道德性彰顯，此為道德養生論的共通原則，尤其重視人文力量的儒家更是如此，不過荀子與孔孟修養之方則有異有同。以下試為之整理。

一、重視節欲

這是從生理慾望的角度來說，生物有其生存的基本條件，最重要的就是「食」與「色」。「食」代表個體生物生命的維持；「色」代表群體生物生命的延續。所以天生即有對此二者的需求，所謂「食色，性也」。[36]但這種生理之性不具理性思維，只有生理機制上的控制力，如「食」到一定飽滿程度之後，飢餓的訊號便暫時消除；又如「色」的需求在繁衍的時期特別強烈。然而屬於萬物之靈的人類，對於生理慾的追求的情欲往往超越了生理機制的限度，如：

> 今人之性，飢而欲飽，寒而欲煖，勞而欲休，此人之情性也。（《荀子‧性惡篇》）

> 若夫目好色、耳好聲、口好味、心好利、骨體膚理好

---

36 告子曰：「食色，性也。仁，內也，非外也。義，外也，非內也。」（《孟子‧告子上》）

愉佚，是皆生於人之情性者也；感而自然，不待事而
後生之者也。（同上）

上文說明了生理機制本就對情慾有基本的要求傾向；但
人類情慾的擴張若超過限度，造成對於物慾的渴望，不僅不
能有益反而是有害於人的生命，如：

故嚮萬物之美而盛憂，兼萬物之利而盛害。（《荀子·
正名篇》）

原本「目辨白黑美惡，耳辨音聲清濁，口辨酸鹹甘苦，（《荀
子·榮辱篇》）可是五色卻令目失去視覺，五音令耳失去聽覺，
五味令口失去味覺[37]，人若損失了這些感官的能力，就等於
削弱了與外界的溝通；更嚴重的現實面是會因此增加身體的
不便與損傷，如目不明，可能撞到物體而跌倒；而心性上的
目不明，造成識人不清或誤交損友等，都有可能影響了人的
生命與生活。這就是孟子所說的：「耳目之官不思，而蔽於物。
物交物，則引之而已」（《孟子·告子上》）；也是荀子所說的
「然則從人之性，順人之情，必出於爭奪，合於犯分亂理，
而歸於暴。」（《荀子·性惡篇》）。這就是貪欲的結果，所以
先秦諸子大多主張要節欲，儒家更是如此。《論語·堯曰第二
十》中曾提到一則有關從政的條件，其中就有一項與節欲有
關：

---

37 河上公注：「爽，亡也。人嗜五味於口、則口亡。言失於味道也」，王
淮注釋：《老子探義》（臺北：臺灣商務印書館，1988 年），頁 50。

子曰：「尊五美，屏四惡，斯可以從政矣。」子張曰：
「何謂五美？」子曰：「君子惠而不費，勞而不怨，
欲而不貪，泰而不驕，威而不猛。」……子曰：「因
民之所利而利之，斯不亦惠而不費乎！擇可勞而勞
之，又誰怨？欲仁而得仁，又焉貪？……」

所謂「欲而不貪」正是儒家對於欲求的基本態度。《禮記‧
禮運》說：「飲食男女，人之大欲存焉；死亡貧苦，人之大惡
存焉」，儒家是承認人有基本欲望的存在，此欲望不只是包括
正面的欲求，如飲食男女；也還包括反面的不欲求，如死亡
貧苦，皆需給予適當的滿足。但應當要以道德規範來作為一
個限制，即以道德來節欲。

所欲雖不可盡，求者猶近盡；欲雖不可去，所求不
得，慮者欲節求也。（《荀子‧正名篇》）

節欲除了減低對於欲望的追求之，即「通過道德的自律，
盡力抑制個人的不正當慾望，來恪守儒家所尊崇的道德規範，
達到"德性周備"的境界，以善其身」[38]外，更積極的是要將
為欲化為可欲之欲，合於道德規範下者便是可欲之欲，反之，
則為不可欲之欲，如：

富與貴是人之所欲也；不以其道得之，不處也。（《論
語‧里仁第四》）

---

[38] 廖果著，〈儒道佛各家養生學說及其差異〉，（臺北：明文書局，1993
年），《自養之道》，頁176。

> 志意修則驕富貴，道義重則輕王公；內省而外物輕矣。
> 傳曰：「君子役物，小人役於物。(《荀子・修身篇》)

　　所以儒家並不排斥富貴名聲等身外之物，只要合於「道」，即道德規範，有得便得，無得更不強求。而這還是身外之物的節欲，就連食色的基本欲望，若不合於道德之下，即使弗得則死，亦不願也不屑得之。正是透過了如此的道德自律與規範，使得人能「役物而不役於物」，在欲望浪潮的席捲下的面前，人能不為物欲所淹沒，而維持了人的尊嚴與格調。荀子說的更為詳細：

> 君子之求利也略，其遠害也早，其避辱也懼，其行道理也勇。君子貧窮而志廣，富貴而體恭，安燕而血氣不惰，勞倦而容貌不枯，怒不過奪，喜不過予。(《荀子・修身》)

　　荀子的「以公義勝私慾」(《荀子・修身篇》)，是為道德人性與生理物性的抗衡，不過此抗衡不全然是對立，而是在道德中尋求物欲的平衡點，如此既符合人的生理性，又不失人的道德性，則人為完整之人，亦為具有人格之人；在顧及生命生存的條件下，又不使之成危害生之舉，可謂人性的養生之道。節欲乃成為歷來養生學說的重點之方，如孫思邈在《備急千金要方・養性序》說：「是以人之壽夭在於撙節。若消息得所，則長生不死；恣其情慾，則命同朝露也。」[39]

---

39 〔唐〕孫思邈著，《孫真人備急千金要方》，《四部叢刊廣編》，(臺北：

二、重視教育

　　儒家雖然以道德來突出人性，但不論道德為先天或後天所有，教化學習是使道德更為顯揚，同時能夠運用道德於生活之中的重要一環。因為「人性相近而習相遠」(《漢書・刑法志》)，後天的學習教化才是使人日後生命及生活高低差異的重要原因。

　　孟子曾說君子的三樂之一是「得天下英才而教育之」[40]，而荀子主人性惡，更特別強調透過後天的教育，才能化性起偽。此外，就(《荀子・儒效篇》)所言：「我欲賤而貴，愚而智，貧而富，可乎？」也可知荀子認為人有貴賤、愚智、貧富之等。雖然人生有差等，但只要透過學習教化便能使之去惡為善，而成為能知人倫道德的文化人，所以教育是人格養成的重要環節。

　　荀子與孟子皆認為人若沒有教育的教化，就與禽獸無甚差異，所謂「故學數有終，若其義則不可須臾舍也。為之，人也；舍之，禽獸也。」(《荀子・修身篇》)。道德性是人異於禽獸之處，所以由此可見，教育就是以使人顯現出道德性為主。有了道德性就能節制動物生理性，假以時日甚至能成為聖人：

臺灣商務印書館)
40　《孟子・盡心上》：孟子曰：「君子有三樂，而王天下不與存焉。父母俱存，兄弟無故，一樂也。仰不愧於天，俯不怍於人，二樂也。得天下英才而教育之，三樂也。君子有三樂，而王天下不與存焉。」"

> 今使塗之人伏術為學，專心一志，思索孰察，加日縣
> 久，積善而不息，則通於神明，參於天地矣。故聖人
> 者，人之所積而致矣。(《荀子‧性惡篇》)

所以教育不但能使人成為高於禽獸的文化人，只要專心相
學，日積月累的學以致用，便能達到聖人的境界。然而這是
段漫長的知行歷程，荀子於此只是以透過教育人可以超凡入
聖的說法來強調學習教育的重要及作用。

　　這其中，學習的態度很重要。荀子說：「小人之學也，入
乎耳，出乎口；口耳之間，則四寸耳，曷足以美七尺之軀
哉！」(《荀子‧勸學篇》)，若只是表面的學習，也只是皮毛
而已，不足以真正改變人格；真正的「學」是：「君子之學
也，入乎耳，箸乎心，布乎四體，形乎動靜；端而言，蝡而
動，一可以為法則。」(同上)，也就是身體已然有所學之道
於其中，故由內而發顯像為人的特質，所以說：「君子之學
也，以美其身」(同上)。

　　荀子與孔孟對教育重要性的強調，還與儒家的出身有
關，《漢書‧藝文志》云：「儒家者流，蓋出於司徒之官，助
人君順陰陽明教化者也」[41]，司徒就是掌邦教者[42]，也就是教
育從事者。孔子首開私學的風氣：「自行束修以上，吾未嘗無

41　〔漢〕班固著，〔唐〕顏師古注，《新校本漢書集注》，《新校本二十五
　　史》，(臺北：鼎文書局，1978)，以下所引《漢書》原文，出於此版
　　本者，不再另行標示。
42　《周禮‧地官司徒》中提到：「乃立地官司徒，使帥其屬而掌邦教，
　　以佐王安擾邦國。」

誨焉！」(《論語‧述而第七》)，不論身分貴賤，只要些許的薄禮，孔子皆給予教誨。《史記‧孔子世家》說他「弟子蓋三千焉」，雖然不見得真有三千人，但仍可見其弟子之多。孟子亦有「從者數百人」(《孟子‧滕文公下》)；荀子更是三為祭酒[43]。所以三人都是教育家，自然對於教育多所著力。

但荀子特別強調對禮的學習：「其數則始乎誦經，終乎讀禮」(《荀子‧勸學篇》)，因為他認為「《禮》者，法之大分、類之綱紀也。故學至乎禮而止矣，夫是之謂道德之極。」(同上)；孔子也曾提到學禮的重要，認為「不學《詩》無以言，不學《禮》無以立」(《論語‧季氏第十六》)。事實上，《詩》、《禮》等六經所含者也就是人倫之道，所重的內容皆不離於「游文於六經之中，留意於仁義之際」(《漢書‧藝文志》)這個主軸。

教育的功效不只在於人格的養成與提昇，同時也是使社會風俗良善的基礎。因為人人若都能受到教育的教化，則能自行的發揮道德操守，不因放縱私慾而為非作歹；這要比以嚴刑峻法來規範人民來得有效且有尊嚴，前提是要先使民生問題解決，所以荀子言「不富無以養民情，不教無以理民性」(《荀子‧大略篇》)，將經濟民生放在道德理性的前面。

另外，也有一些人是屬於「難化」之眾，即便是主張堯舜與我同類的孟子與荀子也認為有人就是「不求」、「不肯」為堯舜：

---

43 《史記‧孟子荀卿列傳》：「齊尚脩列大夫之缺，而荀卿三為祭酒焉。」

> 孟子曰：「夫道若大路然，豈難知哉？人病不求耳。子歸而求之，有餘師。」(《孟子‧告子下》)

> 故小人可以為君子，而不肯為君子……。(《荀子‧性惡篇》)

對於因求生而暴，因難化而惡的人，自然要有刑法上的管教，才能使社會秩序不至於亂而影響群生的生存。不過前提仍然是要盡量的先給予教化，若是因未予教育教化，使之為暴為惡，便以刑法臨之，這是殘害人民的行為，孔子稱「不教而殺謂之虐」(《論語‧堯曰第二十》)，荀子說的更為深入：

> 故不教而誅，則刑繁而邪不勝；教而不誅，則姦民不懲 (《荀子‧富國篇》)

他說不施教化就加以刑罰，雖然刑法繁多也不能抑制邪惡的發生；但是有教化而無刑罰，則為惡之人無法得到懲治，所以教化與刑罰是要雙管齊下。但要以教育的教化為先為主，在輔以刑罰。

不管人性如何，透過教育的教化，人方能「知」人道而「行」人道，才能成真正成為具有道德性的人，所以教育對人類生活的提昇非常重要。

三、修養的主軸

重視節欲與教育雖為孔孟荀修養功夫的共同之處，但三人的修養方向卻各有不同，這主要是因為對人性善惡看法的

不同而有不同的重點。孔子以人性有善惡，故強調「克己復禮」，克制人情以歸於禮，則人從心所欲便不踰矩。孟子主性善，所以只要「存心盡性」，人便為善無惡；荀子主張性惡，認為唯有「化性起偽」，人才能去惡為善。

　　同樣以道德性來突顯人的特質，但不同於孟子的「此天之所與我者」（《孟子・告子上》）；荀子認為道德善性是後天人為培養，即「偽起而生禮義」。二人最大的不同就在於一是從道德性來論人之性善；一是由生理性言人之性：

> 人之所不學而能者，其良能也。所不慮而知者，其良知也。孩提之童，無不知愛其親者，及其長也，無不知敬其兄也。親親，仁也。敬長，義也。無他，達之天下也。」（《孟子・盡心上》）

> 凡性者，天之就也，不可學，不可事。禮義者，聖人之所生也，人之所學而能，所事而成者也。不可學、不可事而在人者，謂之性；可學而能、可事而成之在人者，謂之偽，是性、偽之分也。（《荀子・性惡篇》）

　　孟子與荀子的「性」共通點就在於「不學而能」，可是內容卻大有出入，一為「愛其親，敬其兄」的仁義道德；一為「目好色、耳好聲、口好味、心好利、骨體膚理好愉佚」（同上）的情性。相對於孟子「愛親敬兄」為良知良能的說法，荀子卻說此為反性悖情：

> 夫子之讓乎父、弟之讓乎兄，子之代乎父、弟之代乎

> 兄，此二行者皆反於性而悖於情也。然而孝子之道，
> 禮義之文理也。（同上）

　　就因為荀子主張人性為惡，善由後天所學所事而來，故人若欲善就要化性之惡起偽之善。孔子的「克己復禮」在此有進一步的發揮，「化」與「起」比「克」與「復」，更強調「以公義勝私慾」的部分。同時，「克己復禮」是克己之情性而返於禮，但孔子並沒有說禮是由外而來；倒是孟子說「仁義禮智」之端皆內心所有，荀子則說「化性起偽」是以外求的禮義化人之情性。故我們知道三人都主張「反求諸己」，即修養的路上是由自己掌握方向盤。可是方向不同，孔子的「復」，指示了修養之路不是一條直線，孟子的「盡」則說明是由內向外的展現；荀子的「起」則是由外向內的培養後，再由內向外的表現出來。

四、修養的境界

　　道德養生的最高境界是「聖」，當然代表人物就是聖人。荀子的聖人指極盡發揮其道德人格，而有用於天下群生之人：

> 積善而全盡，謂之聖人。彼求之而後得，為之而後成，積之而後高，盡之而後聖，故聖人也者，人之所積也。（《荀子‧儒效篇》）

> 脩百王之法，若辨白黑；應當時之變，若數一二；行

> 禮要節而安之，若生四枝；要時立功之巧，若詔四時；
> 平正和民之善，億萬之眾而摶若一人──如是，則可
> 謂聖人矣。（同上）

荀子的聖人就是要積善而全盡，前文說過，荀子主性惡
論，善是以禮義化性起偽而來的，所以積善而全盡就是積禮
義之善，盡行禮義之善。具體的內容就是要修明百王之法，
而後積禮義之善，行禮要節如同人的生長四肢那樣自然，故
能應變得宜，能順時建功，能平政和民[44]，使億萬之眾專若
一人[45]。這與孔孟所謂的聖人其實大致相同。

荀子以聖人名之者有堯[46]舜、禹[47]、湯[48]、仲尼、子弓[49]等

----

44 王先謙案："平正猶平政也，《孟子・萬章篇》:「君子平其政」,〈王
　制篇〉云:「故君人者欲安，則莫若平政愛民」……正政古字通……
　此借正為政也"，〔清〕王先謙，《荀子集解》,〈儒效篇〉，頁83。

45 王念孫曰:「博與傳皆摶字之誤也，摶即專一之專，億萬之眾而專若
　一人，即所謂和」，王先謙案："博當為摶，王說是"，出處同上，
　頁82。

46 見《荀子・榮辱篇》:「堯、禹者，非生而具者也，夫起於變故，成乎
　修為，待盡而後備者也。」

47 見《荀子・非十二子篇》:「一天下，財萬物，長養人民，兼利天下，
　通達之屬，莫不從服，六說者立息，十二子者遷化，則聖人之得埶者，
　舜、禹是也。」

48 《荀子・彊國篇》:「夫桀、紂，聖之後子孫也」，又《荀子・正論
　篇》:「桀、紂者，其知慮至險也，其至意至闇也，其行為至亂也；親
　者疏之，賢者賤之，生民怨之。禹、湯之後也，」故知此聖王指禹、
　湯。

49 見《荀子・非十二子篇》:「若夫總方略，齊言行，壹統類，而群天下
　之英傑而告之以大古，教之以至順……無置錐之地，而王公不能與之
　爭名；在一大夫之位，則一君不能獨畜，一國不能獨容；成名況乎諸
　侯，莫不願以為臣，是聖人之不得埶者也，仲尼、子弓是也。」

等。雖然沒有孟子來得多，但他注重聖人對於天下大任的承擔：

> 天下者，至重也，非至彊莫之能任；至大也，非至辨
> 莫之能分；至眾也，非至明莫之能和。此三至者，非
> 聖人莫之能盡。故非聖人莫之能王。聖人備道全美者
> 也，是縣天下之權稱也。（《荀子‧正論篇》）

只有具備至彊、至辨、至明的聖人才能足以擔天下之大
任；即使不能得勢為天下主，也要有用於天下，如仲尼、子
弓者。所以可以知道荀子是側重對於於天下貢獻的角度來論
聖人。但在拉近聖人與人的距離這點上，則是與孟子頗有志
一同。孔子的聖人及聖境較不可及，他曾言「聖人，吾不得
而見之矣！得見君子者，斯可矣。」（《論語‧述而第七》）
孟荀不但主張的「聖人與我同類」（《孟子‧告子上》）；而且
也由此發展出「人皆可以為堯舜」（《孟子‧告子下》)的命題：

> 孟子曰：「何以異於人哉？堯舜與人同耳。」《孟子‧
> 離婁下》

> 涂之人百姓，積善而全盡，謂之聖人。（《荀子‧儒效
> 篇》）

> 堯、禹者，非生而具者也，夫起於變故，成乎修為，
> 待盡而後備者也。（《荀子‧榮辱篇》）

> 「塗之人可以為禹。」曷謂也？曰：凡禹之所以為禹

者，以其為仁義法正也。然則仁義法正有可知可能之
理。然而塗之人也，皆有可以知仁義法正之質，皆有
可以能仁義法正之具，然則其可以為禹明矣。(《荀
子・性惡篇》)

　　孔子對於聖人的境界可以說是一個高規格的定義，而孟
荀並沒有貶低聖人的境界，而是以提高人的善性與積極性拉
近了聖人與人的距離，可以說孟荀的聖人論是以此為使人提
昇向上的激勵，只不過荀子是更強調以對天下貢獻的角度來
論聖人。

第五章　結　論

　　荀子是一位重視實證經驗的哲人，《荀子‧儒效篇》所言：「不聞不若聞之，聞之不若見之，見之不若知之，知之不若行之。學至於行之而止矣。行之，明也，明之為聖人」。正可以看出他對於實際實行的注重。他所處的戰國，是一個由最混亂走向統一的時局，動輒斬首成千上萬的征伐，令他深感人性的惡劣。又如《言鐵論‧論儒》提到：「齊威、宣之時，顯賢進士，國家富強，威行敵國。及湣王，奮二世之餘烈，南舉楚、淮，北并巨宋，苞十二國，西摧三晉，卻彊秦，五國賓從，鄒、魯之君，泗上諸侯皆入臣。矜功不休，百姓不堪。諸儒諫不從，各分散，慎到、捷子亡去，田駢如薛，而孫卿適楚。」[1]，可知他亦見到百姓無辜成為上位者爭權奪利的受害者，所以對於人性善惡的討論，力黜孟子從先驗性開展的人性論，再三闡明他由經驗性出發的性惡論。

　　對於人性的惡，他祭出禮義法的大旗，認為唯有在禮義法的規範節制之下，人才能避免因縱放情性所造成的惡。為的也是要讓人有一個清明的生命；以及群體能安居樂業的社

---

1 〔漢〕桓寬《鹽鐵論》，《諸子集成》（北京：中華書局，1996 年），〈論儒第十一〉，頁 13。

會。所以雖然其性惡論與孟子的性善論看似背道而馳，其實對於眾生生命的關懷卻無二致。

他的學說可說是孔子「君子博學於文，約之以禮，亦可以弗畔矣夫！」(《論語‧雍也第六》)的開展。禮是其思想的中心德目，一切自然人事等等皆需要禮，所謂：

> 天地以合，日月以明，四時以序，星辰以行，江河以流，萬物以昌，好惡以節，喜怒以當，以為下則順…禮豈不至矣哉！立隆以為極，而天下莫之能損益也。本末相順，終始相應，至文以有別，至察以有說，天下從之者治，不從者亂，從之者安，不從者危，從之者存，不從者亡，小人不能測也。(《荀子‧禮論篇》)

關於人自身更是需要禮：「故人無禮則不生，事無禮則不成，國家無禮則不寧。」(《荀子‧修身篇》)。人的生存、人的行事、人的群體社會，都有賴禮的維持才得以完善；所以當然人要養生安樂也非禮不可了。

巧合的是，荀子也是一位高壽者，《先秦諸子繫年》記載的歲數是八十六[2]。但其一生並不順遂，在《荀子‧堯問篇》對荀子是推崇備：

> 為說者曰。孫卿迫於亂世，鰍於嚴刑，上無賢主，下遇暴秦，禮義不行，教化不成，仁者絀約，天下冥冥，

2　錢穆著，《先秦諸子繫年》，(河北：河北教育出版社，2002)〈先秦諸子繫年通表〉，頁 624。其實關於荀子的生卒年，史籍並無明確的記載，但依《先秦諸子繫年》所載，容或有出入，不過亦不致相距太遠。

行全刺之,諸侯大傾。當是時也,知者不得慮,能者不得治,賢者不得使,故君上蔽而無睹,賢人距而不受。然則孫卿懷將聖之心,蒙佯狂之色,視天下以愚。《詩》曰:「既明且哲,以保其身。」此之謂也。是其所以名聲不白,徒與不眾,光輝不博也。今之學者,得孫卿之遺言餘教,足以為天下法式表儀,所存者神,所過者化,觀其善行,孔子弗過。世不詳察,云非聖人,奈何!天下不治,孫卿不遇時也。德若堯、禹,世少知之;方術不用,為人所疑;其知至明,循道正行,足以為紀綱。嗚呼!賢哉!宜為帝王。

楊倞認為「自為說者以下,荀卿弟子之徒」[3],若此,則其弟子對於老師的讚美自是有其情由;不過要注意的是在文中已提到「是其所以名聲不白,徒與不眾,光輝不博也」,可知那時荀子並不如意。

又雖言「今之學者,得孫卿之遺言餘教,足以為天下法式表儀,所存者神,所過者化,觀其善行,孔子弗過」,王先謙說「董仲舒……亦作書美孫卿」[4],司馬遷將孟子荀子同列一傳:「獵儒墨之遺文,明禮義之統紀,絕惠王利端,列往事興衰。作孟子荀卿列傳第十四。」(《史記‧太使公自序》)。但到了後代,其學說曾多受人質疑,如韓愈:

晚得楊雄書,益尊信孟氏。……及得荀氏書,於是又

---

3 〔清〕王先謙著,《荀子集解》,〈堯問篇〉,頁 364。
4 出處同上注,頁 366。

> 知有荀氏者也。考其辭，時若不粹，要其歸，與孔子
> 異者顯矣。亦猶在軻雄之間乎！……孟是醇乎醇乎者
> 也；荀與楊，大醇而小疵。[5]

　　自此宋明學者對荀子的批評所在多有[6]。不過就因荀子
屢遭批評，但其書仍能流傳至今，則荀子所活出的生命價值
不亦久乎？事實上近人多能以較持平的眼光來看，如梁起雄
言：「孟子言性善，荀子言性惡；孟子法先王，荀子法後王；
孟子專尚王道，荀子兼尚霸道；二賢持義雖殊，而同為儒家
宗師，初無判軒輊也。」[7]。鮑國順先生於《荀子學說析論》
中對於荀子地位的起伏有一番說明：

> 回顧立荀子在歷史上的評價時有高低，……西漢以
> 前，荀子的地位，決不低於孟子，大儒如董仲舒、劉
> 向都曾作書稱美荀子。魏晉以來，世尚玄談，儒學寖
> 衰，荀子其人其書因而也被受冷落。至唐中業，楊倞
> 為荀書作注，一時頗有中興氣象。可惜入宋以後，由
> 於儒者尊孟抑荀，對荀子學說不能有真實的了解，因

5　〔唐〕韓愈，《昌黎先生集》，《四部叢刊・集部》，（臺北：臺灣商務印
　　書館），〈讀荀子文〉，頁 101。
6　如〈荀卿論〉，〔宋〕蘇東坡：《東坡全集》卷 43，云：「彼李斯者烹滅
　　三代之諸侯。破壞周公之井田，此亦必有所恃矣。彼見其師厲詆天下
　　之賢人，自是其愚，以為古先聖王皆無足法者，不知荀卿特以快一時
　　之論。而荀卿亦不知其禍之至於此也。其父殺人報仇，其子必且行動。
　　荀卿明之道述禮義。而李斯以其學亂天下，其高說異論有以激之也。」
　　見《四庫薈要・集部・別集類》，藝文印書館，卷四十三，頁 379-36。
7　梁啟雄著：《荀子柬釋》，（臺北：臺灣商務印書館，1993），〈自敘〉，
　　頁 1。

　　此荀子復遭摒斥，自宋氣於清初，六百餘年間，這種誤解，一直都未能得到澄清，而荀學也就未能顯揚於世。……清代學者，由於重考據，講實事求是，因此在逐漸認清荀子的學說以後，已能由排斥荀子，進而同情荀子。如錢大晰、郝懿行、汪中、王先謙等，都從正面肯定荀子的地位。[8]

荀子評價雖時有起伏，但也因為有這麼多的質疑卻還能流傳至今，更顯出荀子思想有一定的價值，方經得起這麼多的考驗。

　　荀子的志願是「上則法舜、禹之制，下則法仲尼、子弓之義，以務息十二子之說。如是則天下之害除，仁人之事畢，聖王之跡著矣」《荀子‧非十二子篇》，不過就《荀子‧堯問篇》所載：「孫卿迫於亂世，鰍於嚴刑，上無賢主，下遇暴秦，禮義不行，教化不成，仁者絀約，天下冥冥，行全刺之，諸侯大傾」來看，既謂暴秦，自當無聖王之跡可言；雖然十二子之說隨著大一統的局勢亦趨於一論，但卻不是仲尼、子弓之義，而是由講勢、術、法的法家暫領風騷，似乎荀子未能盡其志。但事實上，荀子的生命價值不能也不會因之一筆抹煞。雖然〈堯問篇〉又言荀子當時「名聲不白，徒與不眾，光輝不博也」，但據劉向《孫卿新書序錄》記載荀子在當時已有賢名：

---

8 鮑國順著，《荀子學說析論》，（臺北：華正書局，1987 年），〈自序〉頁3。

至齊襄王時，孫卿最為老師，……而孫卿三為祭酒
焉。齊人或讒孫卿，孫卿乃適楚，楚相春申君以為蘭
陵令。人或謂春申君曰，湯以七十里，文王以百里，
孫卿賢者也，今與之百里地，楚其危乎！春申君謝
之，孫卿去之趙。後客或謂春申君曰，伊尹去夏入殷，
殷王而夏亡；管仲去魯而入齊，魯弱而齊強；故賢者
所在，君尊國安。今孫卿，天下賢人，所去之國，其
不安乎！春申君使人聘孫卿，春申君恨，復固謝孫
卿，孫卿乃行，復為蘭陵令。春申君死，而孫卿廢，
因家蘭陵。……孫卿之應聘於諸侯，見秦昭王，昭王
方喜戰伐，而孫卿以三王之法說之。即秦相應侯，皆
不能用也。至趙，與孫臏議兵趙孝成王前，孫臏為變
詐之兵，孫卿以王兵難之，不能對也。足不能用。……
孫卿卒不用於世，老於蘭陵。

　　《史記》本傳無有楚春申君門客對於荀子評論的資料，
倒是在《韓詩外傳》中有一段類似的文字[9]。雖然史籍所載荀
子的生平有所紛紜，不過可以確定的是，荀子有學名秀才，

---

9 《韓詩外傳・卷四》載道：「客有說春申君者，客有說春申君者曰：「湯
　以七十里，文王百里，皆兼天下，一海內。今夫孫子者　，天下之賢人
　也，君藉之百里之勢，臣竊以為不便於君。若何？」春申君曰：「善。」
　於是使人謝孫子，去而之趙，趙以為上卿。客又說春申君曰：「昔伊尹
　去夏之殷，殷王而夏亡；管仲去魯而入齊，魯弱而齊強。由是觀之，
　夫賢者之所在，其君未嘗不善，其國未嘗不安也。今孫子、天下之賢
　人，何謂辭而去？」春申君又云：「善。」〔漢〕韓嬰，《韓詩外傳》，《四
　部叢刊・經部》，（臺灣：臺灣商務印書館）。

卻仕途不順，且屢遭讒黜。從他所持的「三王之法」、「王兵之術」，也可知他試圖以儒家救世之方遊說當權者，雖然「方術不用，為人所疑」（《荀子‧堯問篇》），然當時欲去之或留之者卻皆稱其賢，故其賢可知。〈堯問篇〉中不但對「孫卿不及孔子」之言，曰之「不然」，還認為「觀其善行，孔子弗過」，更稱他「德若堯、禹，世少知之，……其知至明，循道正行，足以為紀綱。嗚呼！賢哉！宜為帝王」。就現今而言，至聖孔子的地位是無庸置疑的，若說荀子善行過於於孔子，毋寧說荀子有功於孔門，尤其是關於六藝諸經的流傳：

> 蓋自七十子之徒既沒，漢諸儒未興，中更戰國暴秦之亂，六藝之傳賴以不絕者，荀卿也。周公之作，孔子述之，荀卿子傳之，其揆一也。（汪中《荀卿子通論》）[10]

> 漢代經師不問為今文家、古文家，皆出荀卿。二千年間，宗派屢變，壹皆盤旋荀子腋下。（梁啟超《清代學術概論》）[11]

荀子非議十二子之說，以務息邪辭姦言為己任，就連儒家自身也遭到檢討[12]，更直接說世俗之人不知子思、孟子之

10　〔清〕王先謙著，《荀子集解》，＜考證下＞，頁15。
11　梁啟超著，《清代學術概論》，（臺北：臺灣商務印書館，1985）。
12　如《荀子‧非十二子篇》：「弟佗其冠，神襌其辭，禹行而舜趨：是子張氏之賤儒也。正其衣冠，齊其顏色，嗛然而終日不言，是子夏氏之賤儒也。偷儒憚事，無廉恥而耆飲食，必曰君子固不用力，是子游氏之賤儒也」。

非。荀子對諸子的批判見仁見智，惟可以確定的是仲尼之義的不絕，荀子應居首功；也因為有了荀子的傳經作為基礎，才有後來漢的獨尊儒術。

而後來清代《國朝四庫全書總目子部儒家類》云：「平心而論，卿之學源出於孔門，在諸子之中，最為近正」[13]的說法，無異也給了自認為孔子正統的荀子最好的肯定。就立功而言，雖然〈堯問篇〉言荀子「不得為政，功安能成？志修德厚，孰謂不賢乎！」，但政治的作為上也許荀子著力無多，可是其續孔學、大孔門之功則無庸置疑。

在養生學的領域上的貢獻與影響上，荀子是先秦儒家首先提出對於人的生成過程的說明，即前文曾提到《荀子·天論篇》的一段話：

> 天職既立，天功既成，形具而神生。好惡、喜怒、哀樂臧焉，夫是之謂天情；耳、目、鼻、口、形，能各有接而不相能也，夫是之謂天官；心居中虛，以治五官，夫是之謂天君。

而其中「形具而神生」的命題，是先秦儒家中對形神問題最有其明確的見解，雖然他並沒有據此加以開展，但已開起了爾後形神觀的議題。不過既然人的生命是形神兼有，神需賴形以存，那麼養生也要形神兼養。此外，荀子在養生學上的貢獻還有對心理學的討論，已觸及到身心之間的統馭關

---

13 〔清〕王先謙著，《荀子集解》，＜考證上＞，頁 8。

係。其「養心治氣」之說，則提供了人調理血氣、性格等的具體做法。而其「養備動時」的觀念，更是符合現代的養生觀。最重要的是，他提出了「制天命而用之」(《荀子‧天論篇》)的命題，大大發揚了人對生命的獨立性、主動性、積極性，這是孔孟所不能及的。

荀子「制天命而用之」的口號，將人在天人關係上的地位大大的提高，同時，更是將鬼神對於人生命的影響壓縮到最小。原本「我生不命在天」[14]的「命」包括了生死，亦即掌握人的生死者為天，「但在巫祝盛行的時期，以『事鬼神禱解以治病請福者』[15]的巫覡為天與人的中介者[16]，並成為天的代言人，故而鬼神對生死禍福之事亦有置喙之權。然而，荀子認為無有鬼神，標榜「養備而動時，則天不能病；循道而不貳，則天不能禍。故水旱不能使之饑，寒暑不能使之疾，

---

14 〔漢〕孔安國撰，〔唐〕孔穎達等正義，《尚書正義》，＜商書‧西伯戡黎＞載曰：「西伯既戡黎，祖伊恐，奔告于王。曰：『天子！天既訖我殷命；格人元龜，罔敢知吉。非先王不相我後人，惟王淫戲用自絕。故天棄我；不有康食，不虞天性，不迪率典。今我民罔弗欲喪，曰：『天曷不降威？大命不摯。』今王其如台！」王曰：「嗚呼！我生不有命在天？」祖伊反曰：「嗚呼！乃罪多參在上，乃能責命于天！殷之即喪，指乃功；不無戮于爾邦。」

15 〔漢〕何休注：《春秋公羊傳注疏‧隱公四年》「於鍾巫之祭焉，弒隱公也」之注（上海：上海古籍出版社，1997年），頁2205。

16 根據《國語‧楚語下‧觀射父論絕地天通》記載：「及少皞之衰也，九黎亂德，民神雜糅，不可方物。夫人作享，家為巫史，無有要質。民匱於祀，而不知其福。烝享無度，民神同位。民瀆齊盟，無有嚴威。神狎民則，不蠲其為。嘉生不降，無物以享。禍災薦臻，莫盡其氣。顓頊受之，乃命南正重司天以屬神，命火正黎司地以屬民，使復舊常，無相侵瀆，是謂絕地天通，」可知古代原是民神雜揉，但到了絕地天通之後，巫覡成了人與神的溝通者。

祅怪不能使之凶。」(《荀子・天論篇》)，已表達了人的吉凶
禍福端在人能否應天而治罷了：

> 天行有常，不為堯存，不為桀亡。應之以治則吉，應
> 之以亂則凶。(同上)

不過他所謂的「應天」主要指的是應天的自然，如上述
所引的「應時」、「應水旱」、「應寒暑」，可以說應天制天都強
調了對於天自然變化的配合。天作為人格神的天時，可說是
人生命的依歸；不過天作為自然義時，人處天地之中，為天
地萬物之一，生活環境不可能脫離天，而且孔孟荀也都有人
為天地自然所生的概念。不論天為自然天或人格神天，天所
呈現的法則為人的取法對象，這是先秦諸子思想的共同主
張，所以天人是相合的。

以天人相合為特色的人天觀對傳統養生文化影響影響極
深，使古代養生家在研究實踐養生時總是自覺或不自覺地將
人體養生與自然環境放在一起進行考慮，按照自然法則和規
律來養護生命，煉養形神。[17]，即往往將人身置於天地自然
之中，並與天地相對：

> 夫人生於地，懸命於天；天地合氣，命之曰人。人能
> 應四時者，天地為之父母；知萬物者，謂之天子。天
> 有陰陽，人有十二節。天有寒暑，人有虛實。能經天

---

17 郝勤著，《中國古代養生文化》(四川：巴蜀書社，1989)，〈東方的生
命意識──中國傳統養生思想模式〉，頁 62。

> 地陰陽之化者，不失四時。知十二節之理者，聖智不
> 能欺也……。（《黃帝內經‧素問‧寶命全形論》）

由此延伸而成為所謂的「四時養生」，如《黃帝內經‧素問‧
四氣調神大論篇第二》：

> 夫四時陰陽者，萬物之根本也。所以聖人春夏養陽，秋
> 冬養陰，以從其根；故與萬物沉浮于生長之門，逆其根
> 則伐其本，壞其真矣。故陰陽四時者，萬物之終始也；
> 生死之本也；逆之則災害生，從之則苛疾不起，是謂得
> 道。道者聖人行之，愚者佩之。從陰陽則生，逆之則死；
> 從之則治，逆之則亂。

雖然加入了陰陽的因素，可是仍可看出有荀子天論的影子於
其中，但這只能算是先秦諸子的共識理論，而由荀子作出的
一個歸納。儒家天人觀最具影響的要算是對人事的強調，從
孔孟的以人事之道德應天，到荀子的以人事的作為來制天，
「制天命而用之」顯現以人為生命的掌控者之精神，為後來
養生家所吸收，並更加強的提出「我命在我不在天」[18]的命
題。因為這樣的命題，使得中國的養生文化在順應自然的思
想中，因為帶有人事的主動與積極，故不致流入如董仲舒「天
人感應」的漩渦裏，鼓勵人要有積極樂觀的態度去面對生命
與自然的變化外，更激發人從自然中營造生命的美好。從「我
生不有命在天」到「我命在我不在天」的轉化過程，孔孟的

---

18 《抱朴子內篇‧黃白卷十六》。

修身立命是一個關鍵，荀子的「制天」更是一個樞紐。可以說他們所強調的「為仁由己」（《論語‧顏淵第十二》）、「反求諸己」（《孟子‧離婁上》）、「故君子敬其在己者，而不慕其在天者」（《荀子‧天論篇》）到了中國養生學也就形成「我命在我不在天」的光輝口號了。

　　而其道德養生中所強調的禮義，是「以順人心為本」（《荀子‧大略篇》），講究的就是「稱情而立文，」（《荀子‧禮論篇》），故可以說其以禮義為核心的養生論也是兼顧到人心人情的人文養生。

參考書目

一、古籍經部（依作者年代排序）

〔漢〕韓嬰著：《韓詩外傳》，《四部叢刊‧經部》，臺北：台灣商務印書館。

〔漢〕孔安國撰，〔唐〕孔穎達等正義，〔清〕‧阮元校勘：《尚書正義》，《十三經注疏》，上海：上海古籍出版社，1997。

〔漢〕桓寬：《鹽鐵論》，《諸子集成》，北京：中華書局，1996。

〔漢〕班固著，〔唐〕顏師古注：《新校本漢書集注》《新校本二十五史》，臺北：鼎文書局，1978。

〔漢〕許慎著：《說文解字》，《四部叢刊‧經部》，臺北：台灣商務印書館。

〔漢〕趙岐注，〔宋〕孫奭疏，〔清〕‧阮元校勘：《孟子注疏》，《十三經注疏》，上海：上海古籍出版社，1997。

〔漢〕鄭玄注，〔唐〕孔穎達等正義，〔清〕‧阮元校勘：《禮記正義》，《十三經注疏》，上海：上海古籍出版社，1997。

〔漢〕何休注，〔唐〕徐彥疏，〔清〕‧阮元校勘：《春秋公羊傳注疏》，上海：上海古籍出版社，1997。

〔漢〕高誘注：《呂氏春秋》，《諸子集成》，，北京：中華書

局，1996。

〔魏〕王肅：《孔子家語》，《四部叢刊‧子部》，臺北：臺灣
　　商務印書館。

〔吳〕韋昭注：《國語》臺北：臺灣商務印書館。

〔晉〕杜預注，〔唐〕孔穎達等正義，〔清〕‧阮元校勘：《春
　　秋左傳正義》，《十三經注疏》，上海：上海古籍出版社，
　　1997。

〔晉〕王弼注：《老子注》，《諸子集成》，北京：中華書局，
　　1996。

〔晉〕王弼等注，〔唐〕孔穎達等正義，〔清〕‧阮元校勘：《周
　　易正義》，《十三經注疏》，上海：上海古籍出版社，1997。

〔晉〕葛洪：《抱朴子》，《諸子集成》，北京：中華書局，1996

〔唐〕孫思邈：《孫真人備急千金要方》，《四部叢刊廣編》，
　　臺北：臺灣商務印書館。

〔唐〕唐玄宗注，〔宋〕邢昺疏，〔清〕‧阮元校勘：《孝經注
　　疏》，《十三經注疏》，上海：上海古籍出版社，1997。

〔唐〕王冰：《重廣補注黃帝內經素問》，《四部叢刊‧子部》，
　　臺北：臺灣商務印書館。

〔唐〕韓愈：《昌黎先生集》，見《四部叢刊‧集部》，臺北：
　　臺灣商務印書館。

〔宋〕蘇東坡：《東坡全集》，《四庫薈要‧集部‧別集類》，
　　臺北：世界書局。

〔宋〕朱熹：《朱子語類》，《四部善本》，新北：漢京文化事
　　業有限公司。

〔宋〕朱熹注：《四書章句集註》，臺北：鵝湖出版社，1984。

〔清〕焦循著：《孟子正義》，北京：中華書局，1996。

〔清〕劉寶楠：《論語正義》，北京：中華書局，1996。

〔清〕王先謙：《荀子集解》，《諸子集成》，北京：中華書局，1996。

〔清〕王先慎：《韓非子集解》，《諸子集成》，北京：中華書局，1996。

〔清〕郭慶藩：《莊子集釋》，《諸子集成》，北京：中華書局，1996。

〔清〕朱謙之：《老子校釋》，北京：中華書局，1963。

二、近人著作（依作者姓氏排列）

〔日〕瀧川龜太郎著：《史記會注考證》，臺北：洪氏出版社，1986。

王淮：《老子探義》，臺北：臺灣商務印書館，1988。

任繼愈：《中國哲學發展史》，北京：人民出版社，1983。

牟宗三：《名家與荀子》，臺北：台灣學生書局，1979。

何少初：《中醫藥文化通覽》，北京：世界圖書出版公司，1998。

吾淳：《古代中國科學範型》，北京：中華書局，2002。

李申：《中國古代哲學和自然科學》，上海：上海人民出版社，2002。

李祚唐：《中國養生文化》，上海：上海古籍出版社，2001。

邱陶常：《先秦思想史概要及資料選注》，湖北：湖北人民出版社，1990。

姚偉鈞：《中華養生術》，臺北：文津出版社，1995。

施杞主編：《實用中國養生全書》，高雄：護幼社文化事業有限公司，1993。

洪丕謨：《東方神秘養生術》，臺北：林鬱文化事業有限公司，1997。

韋政通：《荀子與古代哲學》，臺北：臺灣商務印書館，1980。

韋正通、項維新，劉福增編，《中國哲學思想論集》（臺北：水牛出版社，1976。

徐復觀：《中國人性論史先秦篇》，上海：上海三聯書店，2001。

郝勤：《中國古代養生文化》，四川：巴蜀書社，1989。

馬伯英：《中國醫學文化史》，上海：上海人民出版社，1994。

張立文：《中國哲學範疇精萃叢書－天》，新北：七略出版社，1996。

張立文：《中國哲學範疇精萃叢書－心》，新北：七略出版社，1996。

張立文：《中國哲學範疇精萃叢書－性》，新北：七略出版社，1996。

張西堂：《荀子真偽考》，臺北：明文書局，1994。

張岱年：《中國哲學範疇集》，北京：人民出版社，1985。

梁啟超《清代學術概論》，臺北：臺灣商務印書館，1985。

梁啟雄：《荀子柬釋》，臺北：臺灣商務印書館，1993。

陳大齊：《孔子思想研究論集二》，臺北：黎明文化事業公司，1983。

陳希寶：《中國古代醫學倫理道德思想史》，陝西：三秦出版

社，2002。

陳寧：《中國古代命運觀的現代詮釋》，遼寧：遼寧教育出版
　　社，2000。

傅維康：《醫藥文化隨筆》，上海：上海古籍出版社，2001。

惠吉星：《荀子與中國文化》，貴州：貴州人民出版社，1996。

黃暉：《論衡校釋》，北京：中華書局，1990年。

黃維三：《黃維三教授中醫論文》，臺北：知音出版社，1997。

楊儒賓：《儒家身體觀》，臺北：中央研究院中國文哲研究所，
　　1996。

梁曉珍、王慶憲：《醫學聖典》，河南：河南大學出版社，1998。

葛兆光：《中國思想史第一卷》，上海：復旦大學出版社，1998。

廖果：《自養之道》，臺北：明文書局，1993。

趙載光：《中國古代自然哲學與科學思想》，湖南：湖南人民
　　出版社，1999。

劉培育：《中國古代哲學精華》，甘肅：甘肅人民出版社，1992。

劉翔：《中國傳統價值觀念詮釋學》，臺北：桂冠圖書股份有
　　限公司，1993。

劉黎明：《先秦人學研究》，四川：巴蜀書社，2001。

蔡璧名：《身體與自然》，臺北：國立台灣大學出版委員會，
　　1997。

鄭凱堂：《中國古典哲學概念範疇要論》北京：中國社會科學
　　出版社，1989。

鄭曉江：《中國死亡智慧》，臺北：東大圖書股份有限公司，
　　1994。

錢穆：《中國思想史》，臺北：台灣學生書局，1995。

錢穆：《先秦諸子系年》，河北：河北教育出版社，2002。

鮑國順：《荀子學說析論》，臺北：華正書局，1987。

顏進雄：《六朝服食風氣與詩歌》，臺北：文津出版社，1993。

魏子孝、聶莉芳：《中國古代醫藥衛生》，臺北：臺灣商務印書館，1995。

三、碩博士論文（依作者姓氏排列）

呂口枝：〈先秦道家與《黃帝內經》兩者相關養生思想之研究〉，中國醫藥學院中國醫學研究所碩士論文，2003。

康韻梅：〈中國古代死亡觀之探究〉，國立臺灣大學中國文學研究所博士論文，1993。

黃憶佳：〈由養生主看莊子的養生觀〉，輔仁大學中文系碩士論文，2002。

楊旋：〈嵇康之養生觀與樂論研究〉，東海大學中國文學系碩士論文，2003。

董家榮：〈黃帝內經養生思想研究〉，國立臺灣師範大學碩士論文，2003。

謝慧芬：〈先秦養生思想〉，國立中山大學中國語文學系研究所碩士論文，1999。

四、期刊論文（依作者姓氏排列）

胡適：〈中國人思想中的不朽觀念〉，《故院長胡適先生紀念論文集》，1963。

夏文、光亞：〈古代中醫學與無神論〉，《學術月刊》，1981 年。

程宜山：〈試論中國哲學中的天人關係問題〉，《安徽史學雙月刊》，4 期 1984。

國立台灣師範大學國文研究所編：〈原氣〉，《國立台灣師範大學國文研究所集刊》29 號，1985。

王明：〈論先秦天人關係〉，《中國史學研究》，4 期，1985。

周國鈞：〈《內經》哲學思想探討〉，《中山大學學報》，3 期，1986。

李存山：〈飲食－血氣－道德－－春秋時期關於道德起源的討論〉，《文史哲雙周刊》，2 期，1987。

許光：〈中國古代主靜思想之變遷〉，《中華民國體育學會體育學報》，25 期，1998。

黃朴民：〈天人感應與天人合一〉，《文哲史雙月刊》，4 期，1988。

蔡德貴：〈孔子、孟子、荀子：早期儒家三大師思想之演變〉，《濟南學報》4 期 21 卷，1999。

龔杰：〈早期儒家的養生文化〉，《哲學與文化月刊》，1999。

曾春海：〈莊、孟的生死智慧及其對中國知識份子的影響〉，《歷史月刊》，1999。

施觀芬：〈試論《周易》哲學對中醫養生學的影響〉，《孔孟月刊》12 期 37 卷，1999。

王邦雄：〈論儒道兩家身心靈的修養與成長之道〉，《宗教哲學》3 期 6 卷，2000。

巫夢虹：〈孟子的心性論〉，《國立中央大學中國文學研究所

論文集刊》7 期，2001。

施又文：〈《黃帝內經》關於「臟腑經絡」的生理觀〉，《中國文化月刊》，257 期，2001。

楊遠岷：〈老子修養身心之道〉，《中國文化月刊》，257 期，2001。

伍振勳：〈荀子的「身、禮一體」觀－從「自然的身體」到「禮義的身體」〉，《中國文哲研究集刊》19 期，2001 年。

陳昌明：〈先秦儒道「感官」觀念探析〉，《成大中文學報》10 期，2002。

陳致：〈原孝〉，《人文中國學報》9 期，2002。

華曦：〈論中國原始宗教天人觀向哲學天人觀的轉變〉，《四川大學學報》127 期，2003。

五、網路資料

教育部國語辭典，https://dict.revised.moe.edu.tw/dictView.jsp?ID=157779&q=1&word=%E9%A4%8A%E7%94%9